闘う敬語

仕事の武器になる「敬語入門」

プレジデント社

はじめに

大嶋利佳

敬語とはどんな言葉でしょうか。そして、何のために使うものでしょうか。

そう尋ねると、多くの人がこう答えます。

「上司やお客様など、エラい人に対して使う言葉」

「相手を不愉快にさせないように、礼儀正しい態度を取るために使うもの」

確かにその通りですね。でも、それだけではありません。

敬語は、我々がビジネス社会を生き抜いていくための大切な武器です。

自分の言いたいことをはっきり言う。言いにくいこともきっぱり言う。

そして自分を守り、有利にし、周囲の信頼や評価を勝ち取る。

それが敬語の役割です。しかし、このことに気付いている人は、そう多くはありません。


わたくしは、ビジネスコミュニケーションの研修講師として、三十年近く敬語の指導に携わってきました。その中で出会った数多くのビジネスパーソンがこう言います。

「敬語は苦手、勉強するのは面倒くさい。でも、エラい人を相手に仕事をするのだから仕方がない」

こういう考え方をするのは、本当にもったいないし、残念なことです。そんな人たちに、わたくしはこう伝えたいと思います。

「敬語は相手がエラいから使うのではありません。あなた自身も相手と同じように大事な存在だからこそ、使うのです」

敬語とは、ひとりの大人として自立した存在であることを示す言葉遣いです。未熟な若者ではない、常識と教養を兼ね備えた大人が使う言葉。それが敬語です。

敬語を使って話をすれば、周囲の人たちはあなたに一目置くでしょう。

「しっかりした言葉遣いができる人だ。きっと仕事もできるんだろう」

こう思うに違いありません。

敬語を使うとは、ビジネス社会での実力を示し、自分を主張することです。

敬語を使って発言すれば、そこには普段のおしゃべりとは違った重みが加わります。「一人前の社会人として発言しています」という主張がこもるからです。

この重みが、武器になります。**敬語を堂々と、正しく使えれば、相手はあなたの言葉を軽く扱い、聞き流すことはできません**。

ビジネスで成功している人には、発言力、説得力があります。何を言っても周囲に聞いてもらえない人が、成功することはできないでしょう。

この**発言力、説得力を支えるものが、敬語**なのです。

敬語ができない人がいくら意見を述べたり提案をしたりしても、周囲の人は「子供っぽい口のきき方しかできないくせに、何を言っているのか」と耳を傾けてはくれません。

こう考えてみれば、敬語とは決して、相手がエラくて自分は目下だから使うというだけのものではないと分かるはずです。

敬語はビジネス社会で、自己主張するための武器である。

わたくしは、このことを多くの人に伝えたいと思っています。

ビジネスの世界は厳しいものです。きつい言葉を浴びせられて傷ついたり、言いたいことが言えず、ストレスがたまったりもします。

しかし、きつい言葉を浴びせられても、冷静に敬語で言い返すことができる。そのまま言うとまずいことでも、敬語を使って上手く表現できる。そういう敬語力を身につければ、人とのやりとりで傷つくことはなくなり、ストレスも減ります。敬語という武器があれば、ビジネス社会を強く生き抜いていくことができるのです。

普通の敬語本やビジネスマナー本には書かれていない、そんな「**武器としての敬語**」の使い方を、この物語にこめました。

読者の皆様が、言葉遣いのトラブル、ストレスに負けることのない、強いビジネスパーソンとして活躍されることを願っています。

闘う敬語　目次

【初級編】

相手を怒らせかねない「よろしかったでしょうか？」という落とし穴

Round 1

新人・山下 VS 新人・蓮沼

「敬語の三分類」は自信を持って話すための基礎固めと心得よ

真新しいスーツに袖を通し いよいよ出社のとき

　真新しい濃紺のスーツに身を包んだ山下敬太《やましたけいた》は、それほど大きくはないエレベーターホールでひとつ深呼吸をした。始業時間の四十分前、一階のホールでエレベーターを待っているのは、山下ただ一人だ。

　入居企業の一覧表に目をやり、「株式会社グレードアップライフ」が最上階の八階であることを確認すると、山下はスーツの左胸に付けた「ＧＡＬ」というローマ字をかたどった社章に手をやった。

　思えば山下がグレードアップライフ本社に来たのは、就職活動中と入社式の日だけだ。入社式で社章を受け取った山下たち四人の新入社員は、翌日から他の中小企業と合同で、外部の研修会社にて二日間の新入社員研修を受けてきた。今日が、研修後初の出社となる。

「今日から俺は、晴れてグレードアップライフの社員だ！」

山下は心の中でつぶやくと、もう一度スーツの襟のあたりを撫でた。就活や新人研修を共に戦ってきた黒のリクルートスーツを脱ぎ、新しいスーツに袖を通したのは、山下なりのけじめだった。

エレベーターが八階に着くと、目の前にグレードアップライフのエントランスがある。その奥の扉を開けば、山下の社会人生活が本格的にスタートする。

「おはようございます！」

扉を開けた山下は、腹の底から大きな声を出して頭を下げた。フロア全体に響く声に思わず顔を上げた社員たちは、山下の姿を認めると、もごもごと「おはよう」などとつぶやきながら、すぐに自分の世界に戻っていく。

「声、でかすぎ」

話しかけてきたのは、入り口近くの席に座って本を読んでいた、同期の蓮沼優斗《はすぬまゆうと》だけだ。蓮沼は、山下と同じ営業部に配属されることが決まっていた。

「やべっ、うるさかった?」

ふと見ると、蓮沼の机の上には不動産投資に関する書籍が数冊重なっている。

「すげえな! 蓮沼、こんなの読んで勉強してるんだ」

山下は、蓮沼の本を一冊手に取ってパラパラとめくった。それは、不動産投資の初心者に向けた、物件の良し悪しを見極めるためのノウハウ本だった。

蓮沼はちらりと山下の手元に視線をやると、投げやりな態度でささやいた。

「当たり前だろ。俺らはこれから、収益物件を売る仕事をするんだ。どうしたら**客に買わせることができるか**を考えるのに、相手の考えを知っとかないと」

話し手の心が透けて見えるトゲのある言葉

山下はページをめくる手を止めた。「買わせることができるか」という蓮沼の言葉が、小さなトゲのようにチクリと刺さった。

確かに俺たちがこれからやっていく仕事は、他の部署が仕入れてきたマンションやアパート、ビルなどの収益物件を客に販売するという仕事だ。そして、その物件を資産としてどう活用し、運用していくかを、お客様の立場で共に考える仕事である……って、社長が言っていた気がする。実はまだ、それがどういう意味か、よく分かっていないけれど。

でも、少なくとも「買わせることができるか」ではなく、「買ってもらうことができるか」という気持ちで対応すべきなのではないだろうか。社長だって、「**お客様の身になって**」と言っていたのだから。

そう反論したかった山下だったが、再び読みかけの本に目を落とした蓮沼に声をかけることはできなかった。

四人しかいない新人のうち、蓮沼だけが同じ営業部の配属だ。新人研修のときから、もうすでに学生気分は拭い去ったとでも言いたげな落ち着きを身にまとっていた蓮沼は、他の新人とは違う風格があった。

そんな蓮沼と、これから一緒にやっていけるのだろうか。

山下は、無意識のうちにスーツのボタンに手をやった。新品のスーツの手触りも、今度ばかりは山下の気持ちをふるい立たせることができなかった。

できすぎたストーリーを用意していた蓮沼の新人挨拶

始業時間になり、山下と蓮沼は他の二人の新人とともに、全社員の前で挨拶をすることとなった。全社員といっても、グレードアップライフには二十数名の社員しかいない。新卒採用は今年が初めてということで、社員たちの興味津々といった視線が注がれている。

二人の新人の挨拶に続いたのは、蓮沼だった。

「このたび、営業部に配属になりました蓮沼優斗と申します。この仕事に興味を持ったきっかけは、父方の祖父の存在です。祖父は父が学生の頃に亡くなったのですが、不動産を残していたために祖母も父も生活に困らずに済んだ、だから父は希望の大学に進学し、希望の会社に就職することができて、母と出会い、わたしが生まれたのだという話を何度も聞かされるうちに、わたし自身も不動産投資を通じてお客様のお役に立ちたいと思うようになりました。一日でも早く仕事を覚えられるように精進いたします。どうぞよろしくお願いいたします」

蓮沼の話を聞いた社員は、ひときわ大きな拍手でエールを送った。頭を下げた蓮沼は、かすかにニヤリとした笑みを浮かべた。

その表情を見た山下は、何とも言えないモヤモヤとした気分となった。

感動的な話とは釣り合わないような、蓮沼の不敵な笑み。彼の祖父の話というのは、本当なのか、嘘なのか。

そんな山下の気持ちなどお構いなしに、そばにいた男性社員が満面の笑みで挨拶を促す。

「トリを飾るのはキミだね。お願いします」

なぜ、山下は敗北感を味わうことになったのか?

覚悟を決めた山下は、ふたたび腹の底から声を出した。

「おはようございます!」

その大きな声にたじろいだ社員は、次の瞬間、クスクスと笑い出す。笑われたことでさらに動揺してしまった山下は、目を泳がせながら言った。

「あの……僕……わたくしは山下敬太と申します。大学時代はファミリーレストランでアルバイトをさせていただいており、リーダーのほうをさせていただいておりました。なので、働くという経験はいたして……いたしておる? いたしていただいていた? のですが……皆さんには迷惑をいたす……いや、迷惑をかけると思います。精いっぱい頑張ります。よろしくお願いいたしますっ!」

とにかく最後だけは新人らしく声を張り、頭を下げた山下だったが、ピカピカに磨いた靴を見つめながら、胸の内は敗北感でいっぱいだった。

自分は、蓮沼のような感動的なエピソードなど持ち合わせていない。正直、不動産投資や、それにまつわる投資コンサルティングなど、就職活動をするまで知らない世界だった。でも、働く以上はお客様に喜んでほしいという純粋な思いだけは負けてはいないはずだ。

山下は、学生時代やっていたファミリーレストランのバイトを思い出していた。よく来てくださる常連のおじいさんと言葉を交わし、好みを覚えて新商品をおすすめしたり、小さな子供が水を飲みにくそうにしていたら、そっとストローを渡してあげたり。ただのファミレスだけれど、自分なりにお客様のことを考え、どうしたら満足していただけるかを考えて行動してきた。

そういった行動の積み重ねは、お客様の笑顔にはなったけれど、俺自身の価値にはなっていないのだろうか？

下げた頭の上から、小さな笑い声と、まばらな拍手の音が聞こえてきた。

「新人、頑張れよ！」

茶化したような男性の声をきっかけに、山下は顔を上げた。最初に目が合ったのは、笑顔の下に困ったような表情が透けて見える、パンツスーツを着た女性だった。

新入社員の最初のハードルは鳴りやまぬ電話の応対

配属されたばかりの新入社員ができることなど、ほとんどない。先輩の営業資料のコピー取りや、過去の資料の整理などから始まり、徐々に社内の様子や、仕事の流れを理解していくことが求められる。

また、電話応対も大切な仕事だ。よくかかってくる客の名前を覚えるのはもちろん、その客は社内の誰が担当なのか、よく話題に出てくる物件名は何かなど、電話から学べることも数多い。

「じゃあ、今日はこの資料のファイリングと、電話応対をお願いします。分からないことがあったら、わたしに聞いてくださいね」

初日の二人に仕事を指示したのはパンツスーツの女性、江田南海《えだみなみ》だった。江田は昨年転職してきた社会人三年目で、グレードアップライフ唯一の女性営業だという。

「はい！」

元気よく挨拶をした山下のそばで、外線電話が鳴る。すかさず受話器を取ったのは、蓮沼だった。

「はい、グレードアップライフでございます。……**松原**《まつばら》**様、いつもお世話になっております**。……部長の渋谷《しぶや》でございますね。少々お待ちください。……申し訳ございません、渋谷はただいま外出しておりまして、戻りは十一時の予定となっております」

蓮沼のそつのない受け答えを耳にした江田は、満足そうにうなずくと、自席に戻っていった。

山下も受け取った資料を抱えて、江田の向かいの自席に戻る。椅子に浅く腰掛けながら、不安な気持ちを抑えていた。

電話応対、苦手なんだよな。そもそも電話でしゃべるなんて、ほとんどしたことがないし。連絡っていったら、普通はＬＩＮＥだろ……。

ところが、会社というところは、若い世代が苦手とする電話がガンガンかかってくる場所らしい。すぐに机の上の電話の呼び出し音が鳴り、山下をビクリとさせる。こっそりと周囲を見回したが、電話に出ようとしている先輩社員は見当たらない。意を決した山下は、受話器を取ると、新人らしいハキハキとした口調で言った。

「**もしもし、グレードアップライフですが**」

基本の敬語ができないから電話でもオドオドしてしまう

受話器の向こうの相手は、一瞬の沈黙ののち、不審そうな声で問う。

「……お前、誰?」

「山下ですけど?」

「ああ、新人か。江田さんに代わって」

「はい。少々お待ちくださいませ!」

最後のセリフだけは軽やかに決めたのち、外線が入ったことを告げようと顔を上げると、すぐ目の前に今にもかみつきそうな江田の顔が迫っていた。

「江田さんにお電話です……」

山下がささやくと、江田は恐ろしい形相のまま尋ねた。

「で、**誰からの電話？**」

「ああ、そうでした。聞いてみますね」

そう言って再び電話に出ようとした山下の手をぴしゃりと抑えると、江田は自席の受話器を取り上げ、電話の相手と言葉を交わし始めた。

数分後、江田は山下に向かって小言を述べた。

「さっきの電話は、渋谷部長からの外線電話だったの。だからまあ、良かったけれど、あなた、あの電話の出方は何？　新入社員研修で何を教わってきたわけ？　お客様だったら恥ずかしいよね？」

「すみません。僕、電話が苦手で。電話で話をするなんて、ほとんどしたことがなくて……」

「あのねぇ、社会人なんだから、苦手とか言ってられないでしょ！　そもそも、さっきの自己紹介もヒドかったわよね。あなたもしかしたら、敬語も知らないお子ちゃまなの？」

江田の勢いに驚いたのか、営業部の席からは私語のひとつも聞こえてこない。皆は全身を耳にして、困った新人と江田とのやりとりを聞いているようだ。

大きなため息をついた江田は、やおら机の引き出しをあけると、一冊のテキストを取り出した。そして、あるページを開くと、

「このページをコピーして、問題をやってみて。そっちの蓮沼くんも。今すぐに！」

「はいっ！」

山下は、手渡されたテキストを持ってコピー機の前に急いだ。そのテキストの表紙には、『基本の敬語』という文字が並んでいた。

江田が渡した穴埋め問題は、二三ページのような内容だった。

敬語の三分類

●空欄を埋めてください。ただし「～れる、～られる」を用いた尊敬語は解答としてこのテストの正解としません。

例）「行きます」を「行かれます」とするのは、文法的には正しい尊敬語ですが、ここでは正解とはしません。数字が書いてある欄は答えをその数だけ記入してください。

謙譲語	丁寧語	尊敬語
(2)	言います	
	聞きます	
	見ます	
(2)	行きます	
(2)	来ます	(2)
	います	
	会います	
	食べます・飲みます	
	自社　当社	
	担当の人	
	わたしたち　みんな	

※正解は29ページ

いざとなると小中学生レベルの敬語が出てこない

「ちぇっ。なんで俺までやらされなきゃならないんだよ」

ぼやきながらもペンを走らせる蓮沼の隣の席で、山下は頭を抱えている。

いいます……いらっしゃいます……い……いさせていただきます？

山下は、**敬語表現はアルバイト先のファミリーレストランでさんざん使っていた**ので心配ないと思っていた。けれど、こうやって改めて穴埋め問題として出題されると、果たしてどう言うのが正しいのか分からなくなってくる。

ちらりと横をうかがうと、すでに空白を埋め終え、手持ち無沙汰な様子でボーッと宙を見つめている蓮沼の姿が視界に入ってきた。

すべての項目を埋め終わったプリントを受け取った江田は、丁寧にチェックしたのち、しかめ面をしてみせた。

「蓮沼くんは、全部正解。さすがね。でも山下くんは、全然ダメ。もう、しっかりしてよ。敬語って、小学校とか中学校で習うレベルなんだからね」

「すみません」

肩を落とした山下は、江田から渡された蓮沼の解答に目を通す。すべて「見れば納得」というレベルの言葉ばかりで、取り立てて難しい言葉はなかったが、自分ではなかなか思いつくことができなかった。

江田は、山下に尋ねた。

「そもそも山下くんは、**敬語には丁寧語と謙譲語、尊敬語の三つがある**ことは分かっているよね?」

「はい。**丁寧語は、語尾が『です・ます』とか『ございます』になる言葉**ですよね。あと、**モノを示す言葉の前につく『お』とか『ご』**とか」

さすがにそれは知っているとばかりに、山下は声を張った。

「じゃあ、**謙譲語**は?」

「**相手に対し、自分を下にして表現する言葉**……ですよね?」

少し自信なさげになった山下の言葉を拾うように、江田は説明を続ける。

「そう。つまり自分や自社のことを述べるときに使う言葉だから、**主語は必ず自分**たちなの。『わたしが**伺います**』とか『担当者が**参ります**』といった感じね。あと、『**弊社**』や『**担当の者**』という言い方も謙譲語」

必ず主語が自分たちになるというのは、山下にとって新しい視点だった。でも、考えてみたら当たり前だ。相手に対してへりくだるのだから、その行動をするのは自分である。

「それに対して、蓮沼くん、**尊敬語**は？」

江田の問いに、蓮沼はまっすぐ江田を見ながら答えた。

「相手の行為について述べるときに使う言葉なので、**主語は相手**になります。たとえば『お客様が**いらっしゃいました**』とか、『先生が**ご覧になります**』とか。そのほかは、『**御社**』『**ご担当のかた**』などが該当します」

「完璧」

江田は満足そうな笑みを浮かべると、蓮沼を称えた。そして、もう一度山下のほうを向き直ると、厳しい表情で言った。

「ウチのお客様の多くは、資産家のかたや会社の社長さんなの。コミュニケーションに厳しいかたが多いから、とにかく言葉遣いには気をつけて。新人研修でビジネスマナーを習ったでしょ？　ちゃんと復習して、今後は失礼のないようにしてくださいね」

伏し目がちになった山下は、彼らしくない小さな声で言った。

「はい、分かりました」

同期の蓮沼が簡単にできることなのに、自分はできなかったということが悔しくてたまらなかった。

こうなったら、とにかく敬語の言い回しを覚えてしまおう。まだまだ仕事らしい仕事に取り組んでもいないのに、こんな初歩的なところでつまずいている場合ではない。

山下はカバンのなかに入れっぱなしだった新人研修のテキストの存在を確認すると、今夜は絶対に家で復習をしようと心に誓った。

Column

ベテランでも間違えがちな敬語の穴埋め問題

二三ページの敬語の穴埋め問題、みなさんはできましたか？まったくできなかったという人も多いのではないでしょうか。

でも、心配しないでください。この穴埋め問題、実は社会人経験の長い人でもなかなか満点は取れません。研修でいろいろな人にやってもらっているのですが、ベテランの営業や接客販売担当者、ホテルや航空会社の接客スタッフでも、答えが分からない人がいます。

ですが、そんな方たちでも、現場では正しい敬語を立派に使いこなしています。この表が埋められないからダメだというわけではないのです。

それでもわたくしは、みなさんにこの穴埋め問題ができるようになってほしいと思っています。その理由は、うろ覚えで敬語を使うのではなく、しっかりとした基礎固めをしてほしいからです。

この表を正しく埋められるということは、基本的な敬語知識が自分のものになっている証拠です。

体力がない人がすぐに風邪をうつされてしまうように、基本の敬語力がない人は、他人のおかしな言葉遣いがうつってしまいます。

世の中には間違った敬語を使っている人がたくさんいます。「他の人が言っていたから、自分も真似しておけばいい」と思っていては、知らないうちに恥をかいてしまいます。

これでは、自信をもって話せませんし、部下や後輩の指導もできません。敬語の基礎を学ぶことは、あなたのビジネスパーソンとしての実力の基礎固めでもあるのです。

「敬語の三分類」穴埋め問題（23ページ）の答え

謙譲語	丁寧語	尊敬語
申します 申し上げます	言います	おっしゃいます
拝聴します	聞きます	お聞きになります
拝見します	見ます	ご覧になります
参ります 伺います	行きます	いらっしゃいます
参ります 伺います	来ます	いらっしゃいます お越しになります
おります	います	いらっしゃいます
お目にかかります	会います	お会いになります
いただきます	食べます・飲みます	召し上がります
弊社	自社　当社	御社
担当の者	担当の人	ご担当のかた
わたくしども	わたしたち　みんな	みなさま

Round 2 新人・山下 VS 取引先・宮崎

体に染みついた「バイト敬語」が大切な得意先を怒らせる

上得意先への初めての訪問

四人の新入社員がグレードアップライフの現場に配属されて、一か月ほどが過ぎていった。皆それぞれが小さな失敗を重ね、先輩や上司の叱責を受けながらも、少しずつ成長を遂げている。

業務と並行して行われているのは、不動産投資やマンション経営の仕組み、商品知識などを学んでいく研修だ。それと同時に、新人は先輩社員とロールプレイングを重ねていくことで、客からの問い合わせ対応を磨いていった。

敬語ができず、電話も満足に取れなかった山下も、最近では積極的に電話を取り次ぎ、この顧客は誰の担当か、今商談のどのあたりに差しかかっているかなどが分かるようになってきた。

ある日山下は、部長の渋谷と行動をともにしながら営業のいろはを教えてもらうことになった。

「とにかくこの仕事は、顧客対応がすべてだと言っても過言ではない。**お客様に不快感を与えないよう、言葉遣いには十分に気をつけて**ほしい」

「はいっ！」

渋谷直々に指導を受ける機会を、山下はとても楽しみにしていた。そのぶん返事にもおのずと力がこもる。そんな山下の張り切った様子に満足げな表情を見せた渋谷は、会社を出て駅に向かいながら、午前中に訪問する顧客について要点を伝えた。

「これからご自宅に伺う宮崎《みやざき》さんはおおらかな人で、大学生の孫がいると聞いたことがある。都内にマンションの部屋をいくつか持っていらっしゃるお客様なんだ」

渋谷と向かった宮崎の自宅は、目白駅から徒歩圏の高級住宅街にある。都心とは思えない緑豊かな敷地に、古めかしい家が建っていた。

今では珍しい応接間に通してもらった山下は、壁にかけられた古い油絵や、書棚に並んでいる百科事典に目をやった。まるでドラマのセットのような室内は、時間が止まっているかのようだ。

「やあやあ、渋谷さん、お待たせしました」

ゆっくりと応接間に入ってきた宮崎は、年の頃は七十代半ばといったところだろうか？　その穏やかな表情は、自宅の古い建物とどこか似ているようにも見える。

渋谷は宮崎に時間を取ってくれた礼を述べると、山下の肩に手を置きながら言った。

「本日は、今年入社したばかりの新人を勉強のために連れてまいりました。ご迷惑かとは存じますが、よろしくお願いいいたします」

「山下と申します。本日はよろしくお願いいたします」

上ずった声で挨拶をし、名刺を差し出した山下に、宮崎は優しく声をかけた。

「おお、新人さんですか。この季節は爽やかな新人さんが街にあふれていて、こちらまで元気をもらえるような気がしてきますね。どうぞ、おかけください」

「はい！　ありがとうございます！」

山下は再度頭を下げると、渋谷に続いてソファーの端ぎりぎりに腰を掛けた。そして、さっそく始まった上司と客との商談を一言も聞き漏らすまいと、耳に全神経を集中させながらメモを取った。

上司の大切な顧客へのアポイント取りを任される

商談では、都内のあるマンションについての話が進んでいた。しかしふとしたことから、宮崎は横浜にある似たタイプのマンションにも強い興味を示し始めた。

「実はわたしの娘夫婦が横浜に住んでいるんです。もしも将来、娘に現物を相続することになった場合、彼女たちの自宅に近いほうが都合が良いかと思ってね。若い二人なら、マンションの管理もある程度は自分たちでやりたいと言うかもしれないし」

「では、社に戻り次第、横浜の物件に関する資料一式を宅配便にてお送りいたしましょう。まずはそれにお目通しいただき、来週改めてご案内のためにお伺いするというのではいかがでしょうか?」

渋谷の申し出に、宮崎はにっこりとしながらうなずいた。

「お手数をおかけしますが、そうしていただけると助かります」

すると渋谷は、ちらりと山下のほうに目をやったのち、宮崎に向かって口を開いた。

「では、さっそく手配いたしましょう。次回のお打ち合わせの日程に関しましては、資料が届いた頃合いを見計らって、こちらの山下に連絡をさせます。どうぞよろしくお願いいいたします」

思いがけない渋谷の言葉に、山下はビクリとした。

つまりは、**自分が明日か明後日あたりに宮崎さん宅へ電話をし、アポイントメントを取らなければならない**ということか？　山下は、まだ自信がないという思いがある一方で、ここでいいところを見せたいという思いがわきあがってくるのを抑えることができなかった。

山下の脳裏に、同期入社の蓮沼の顔が浮かんできた。蓮沼は、僕が一歩先んじてお客様と良い関係を作ることができたとしたら、どんな顔をするだろうか？

宮崎の家からの帰路、山下はさっそく渋谷に意見を述べた。

「実は今朝、仕入れ部門から新しい物件の情報が来ていたんです。そのなかに、宮崎さんが興味を示されていたマンションと似たグレードの、川崎の物件があったはずです。宮崎さんあてに資料をお送りする際に、川崎の新しい物件の情報も一緒に入れてあげたらどうかなと思うんですけれど、いかがでしょう？」

渋谷は目を見開いて山下を見やったのち、力強い声で言った。

「お前、なかなかやるな。日々更新される情報に目を配り、お客様にぴったりだと思う情報を素早くお知らせするのが営業のあるべき姿だ。うん、いいぞ。ぜひ入れて差し上げなさい」

「はいっ！」

「昼飯でも食っていくか。今日はおごってやろう」

「あざっす！」

元気だけが取り柄の山下の返事に小さく笑うと、渋谷は先に立って歩き始めた。山下は、真っ青な空までもが自分のささやかな成長を祝福してくれているように感じていた。

「よろしかったですか?」は人を不快にさせることもある

山下は、帰社後すぐに資料をそろえて部長の渋谷に確認してもらったのち、宮崎の自宅あてに宅配便を送った。ここまでがおとといの話だ。

そして今、山下は緊張のあまり手のひらの汗を何度もぬぐっている。これから宮崎の家に電話をかけて、アポイントメントの日程を詰めなければならないからだ。

山下はもう一度、**自分で書いた電話用のメモ**に視線をやった。

> **名乗り・ご挨拶→会話の許可を得る→資料が届いているかどうかの確認→日程候補の確認（部長は来週十五日なら終日ＯＫ）→商談の時間を取ってくださることに対するお礼→切る前のご挨拶**

「よし!」

小さく気合を入れた声につられて、隣の席の蓮沼が山下を見やった。相変わらず蓮沼は、何を考えているのか分かりづらい表情を浮かべている。

山下はハンカチをギュッと握ると、宮崎の自宅に電話をかけ始めた。

呼び出し音を三回数えたところで電話に出たのは、宮崎本人だった。「もしもし、宮崎ですが」という声を合図に、山下は声を張った。

「わたくし、グレードアップライフの山下と申します。先日はありがとうございました」

そう言って深々と頭を下げたところで、宮崎の優し気な声が聞こえてきた。

「ああ、この前の元気な新人さんだね。ごくろうさま。資料は届いているよ」

「あ……そ、そうでしたか。それはよかったです」

資料の到着確認をする前に、今電話をしていて大丈夫かどうかを確認するつもりでいた山下は、宮崎から先に資料の話を切り出されたことにより、すっかりうろたえてしまった。

「あの……それでですね、今、お話をさせていただいていて**よろしかったでしょう**

か？」

やっとの思いで相手の都合を尋ねた山下の耳に入ってきたのは、先ほどとはうって変わって冷たい声だった。

「よろしかった、かね……。まあ、よろしいですけど」

「ありがとうございます！」

声色が変わったことに気付かなかった山下は、見えない相手に向かって再び頭を下げると、注意深く用件を述べた。

「お届けいたしました横浜、および川崎エリアの物件につきまして、部長の渋谷が**説明のほう**をさせていただきたいと申しております。つきましては、来週の十五日にお伺いいたしますが、**よろしかったでしょうか？**」

山下は、さりげなく横浜だけではなく川崎の物件情報も同封したことをアピールしつつ、訪問日程の調整へと話を進めた。十五日で良いということであれば、あとは時間を詰めるだけだ。

しかし宮崎は、冷たい声色のまま言った。

「十五日というのは、決定かね?」

「いえ、そうではありません。十六日以降が**よろしかった**ということでしたら……

少々お待ちくださいませ……」

山下は、あわてて机の上にあるはずの渋谷のスケジュールの写しを探し始めた。

しかし、なかなか見つからない。

数秒後、電話の向こうの宮崎が言った。

「君では話になりませんね。渋谷部長と代わってください」

「いえ、あの……」

「いいから、代わってください。いらっしゃらないのかね?」

「いえ、いらっしゃいます……いや、おります。少々お待ちください」

山下は保留ボタンを押すと、目で渋谷を探した。

渋谷はすぐに状況を察すると、電話を取り、宮崎との会話を引き取った。

〃みんな〃が使う「バイト敬語」の落とし穴

渋谷と宮崎の会話はものの数分で終わった。しかし山下にとってはとてつもなく長い時間に感じた。山下は渋谷の席を訪れると、神妙な面持ちで言った。

「申し訳ございませんでした」

「……何について謝っているんだ？」

謝罪の言葉を耳にした渋谷は、山下をギロリとにらんだのち、改めて尋ねた。質問をされたことに驚いた山下は、頭の中を整理しながら言葉をひねり出した。

「わたしは、宮崎さんのご機嫌を損ねてしまいました。部長のスケジュールをしっかりと把握し、宮崎さんのお言葉にすぐに対応できなかったからです」

説明しながら、山下は心の中で思っていた。

とは言っても、スケジュール確認に待たせたのは、たかだか数秒だったはず。老人は本当にせっかちだよなぁ——。

そんな山下に対し、渋谷はきっぱりと断言した。

「それは違う。宮崎さんは、そんなに気が短い人ではない」

まるで心の中を見透かしたかのような上司の言葉に、山下はドキリとした。

では、なぜ？　なぜ宮崎は、あんなに怒ったのか？

渋谷は、山下に向かって静かに言った。

「お前は宮崎さんにスケジュールの確認をする際に、『十五日でよろしかったですか？』と言っただろ？　宮崎さんは、**『よろしいですか？』ではなく『よろしかったですか？』と過去形で言われたことで、交渉の余地のない、こちらが押し付けた日程だと感じてしまったら**しいんだ」

「そうなんですか？　僕はそんなつもりじゃなかったんですけど。丁寧な言葉を意識して説明したつもりだったのに、どうして誤解を招いてしまったんだろう……？」

そんな山下に対し、渋谷は再び口を開いた。

「バイト敬語だよ。**バイト敬語が、宮崎さんを怒らせてしまった**んだ。『○○でよろしかったですか？』とか、『商品の**ほう**になります』とか、お前、学生時代のアルバイトでさんざん使ってきたんじゃないか？　**バイト敬語が気になる、不愉快だと思っている年長者は、お前が考えている以上にたくさんいる**んだ。気をつけろ」

「はい……でも、そんなにダメな言葉なんすかね？　リーダーはじめ、みなさん使ってらっしゃったんですけど」

確かに自分は、敬語が苦手だ。しかし、お客様のためを考え、誠実に行動していることに関しては自信がある。そういった細かな実績を積み重ねていけば、多少敬語がつたなくてもお客様の信頼を得ることができると考えていたのに……。

ギュッと口元を引き締めながら一点を見つめていた山下に向かって、渋谷は優しく語りかけた。

「**みんなが使っているから真似をしていましたという言い訳は、社会人になったら通用しない**ぞ。考えてもみろ。我々が扱っているのは、高額な物件と、それにまつわる信頼だ。**大事な決断を託す相手が、誰かの真似ばかりして、何が正しいのかを自分で学ぼうともしないようなヤツだったら安心できない**だろ」

渋谷の言葉に、山下はハッとした。確かに自分は先輩たちの真似をしていただけで、その言葉遣いがお客様にどういう印象を与えるかまでは考えたことがなかった。

渋谷はさらに言葉を継いだ。

「**たかだか言葉ひとつから、その人の生き方や考え方までもが透けて見えてしまう**んだ。だから、ちゃんとした敬語を学んで使いこなす意味がある。山下が誰よりもお客様のことを考えて行動していることは、よく分かっている。その**熱意を誤解なくお客様に伝えるためにも、もう少し敬語を勉強しないともったいない**ぞ」

そう言うと、渋谷はひとつの書類の束を山下に手渡しながら付け加えた。

「さあ、すぐにリベンジのチャンスは来るはずだ。宮崎さんのお宅にお邪魔するのは、十六日の午後に決まった。当日は一緒に宮崎さんのところに行くからな。このレポートをよく読み込んでおくように」

「あの……僕、一緒に行ってもいいんでしょうか？」

おずおずと尋ねた山下に向かって「当たり前じゃないか」と言うと、渋谷はすぐに他の書類に視線を落とした。

そんな渋谷の横顔に向かって、山下は何も言わずに頭を下げた。

さっさと丸覚えすれば敬語は身につくのか？

　その日山下は、蓮沼と連れ立って昼食を食べにファミリーレストランにやってきた。席にはすぐに案内してもらったものの、混み合っている時間帯のせいか、店員はなかなか注文を取りにやってこない。

　少しいらだった様子の蓮沼をなだめるべく、山下はあえてのんきな調子で言った。

「あーあ、また部長に怒られちゃったよ。俺、本当に敬語が苦手なんだよな」

　蓮沼はメニューに目をやりながら言ったのち、山下の注文も確認すると、呼び出しボタンを二度三度と連続して押した。やがて、「大変お待たせいたしました」と小走りでやってきた店員に向かって二人分の注文を告げた。

「**敬語なんて超簡単なんだし、丸覚えして使えばいい**んじゃね？　深く考えるなよ」

「AランチとBランチ、ドリンクは両方ともコーヒーで食後ね」

「はい……ええっと……Aランチがひとつ、食後にコーヒー、Bランチがひとつ、こちらも食後にコーヒー。コーヒーはホットで**よろしかったですか？**」

「うん」

「ご注文は以上で**よろしかったですか？**」

見たところ自分たちと同じぐらいの年齢だが、新人なのだろう。ぎこちなく端末を操作しながら注文を繰り返した店員に向かい、蓮沼は吐き捨てるように言った。

「『よろしかった』っす。あとさ、水！　水がないよ」

「あっ、す、すみません。すぐにお持ちします」

店員をアゴで使うような蓮沼の態度に、山下は茫然とした。

確かに自分がアルバイトをしていたときも、こういった態度を取る客はいた。けれど、同期の蓮沼もそのひとりだったなんて！

もしかしたら蓮沼も、**バイト敬語が嫌いな人間**なのかもしれない。改めて耳にしてみると、やっぱり「よろしかった」という言葉は良くないような気もする。

とはいえ、会社での丁寧な仕事ぶりや、客に対する隙のない言葉遣いを知っているだけに、山下は蓮沼に対して言いようのない不信感をいだき始めていた。

Column

本当にあった！「バイト敬語」へのクレーム

宮崎さんのように〝バイト敬語〟を嫌う人は少なくありません。実際にわたくしが指導していた現場でも、バイト敬語にまつわるクレームが寄せられたことがあります。

本文の宮崎さんと同じく、「よろしかったでしょうか？」という言葉に結論の押し付けを感じ、相談の余地がないと感じたゆえに起きたクレームもあれば、「～のほう」という言い回しで取引先を怒らせてしまった事例もあります。

近年、本来なら必要ないところに「～のほう」をつける人が多くいます。わたくし自身もある研修で、司会者から「本日の研修のほう、講師のほうは大嶋先生のほうになります」と紹介され、唖然としたことがあります。

本人は丁寧なつもりかもしれませんが、これが癖になっていると、思わぬところで相手を不快にさせてしまいます。

ある会社の担当者が顧客との交渉にあたったときのことです。顧客からの難しい要望を受け、こう言いました。

「ご要望のほうは、弊社のほうでも検討のほうをしてみますので……」

すると顧客は、「弊社のほうでも、ってことは、うちのほうでも考え直せ、と言っているわけ?」と、不満げな顔で聞き返したのです。そんなつもりはなかった担当者は、うろたえてしまいました。

「ご要望は弊社で検討してみます」と言えば、顧客も「それなら返事を待とう」と受け止めることができたでしょう。

しかし「~のほう」は、もともとは方角を指示したり、複数のものを比較、選択したりするときに用いる言葉です。

このため、「弊社のほうでも~」と言われた顧客は、「もう一方の側であるお前のほうでも検討しろ」と、暗に要求されたと受け取ったのです。

このように、言葉の受け取り方は、相手によって変わります。「周りの人がみんな使っているから」と深く考えずにバイト敬語を口にすると、世代や感性の違う相手からは腹立たしく思われることもあるのです。

Round 3

新人・蓮沼 VS 取引先・五反田

目上の人を褒める「モチ上げ敬語」を使うなら細心の注意が必要

いつでも先輩の代わりに顧客対応できるよう準備

「蓮沼くん、営業会議の資料のコピーを五部ずつお願いね」

「はい……」

先輩の江田から受け取った書類を抱え、蓮沼はのろのろとコピー機に向かう。席から立ちあがったついでに隣の席を覗くと、山下は川崎の新しい物件について調べている最中のようだった。

十日ほど前から部長の渋谷に直接仕事を教えてもらっている山下は、クライアントに提案するための資料を作り込んでいるらしい。詳しくはよく分からないけれど、山下が機転を利かせて提案した物件をクライアントが気に入り、今はその物件を購入することを前提にした運用計画書を作る手伝いをしているようだ。それに比べて、自分はどうだろう?

先輩社員の江田の下で修業中と言えば聞こえはいいが、江田だってこの会社に昨年入社したばかりだ。したがって、自分がやれることといえば、江田が作った営業会議のための資料をコピーしたり、数少ない江田のクライアントから来る連絡を取り次いだりといった雑用ばかりではないか。蓮沼は、どうしても解せなかった。

部長の下で仕事に直結するようなことを教えてもらうチャンスを得るべきは、敬語もままならないような山下ではなく、自分のほうであるはずだ。この仕事に対する情熱も知識も、山下なんかよりもずっとたくさんあるのだから――。

ゆっくりとコピーを取りながら、蓮沼は資料に目を通した。

誰がどんなタイプのクライアントを握っているのかを把握し、先輩の得意な分野を知ること。そして、**いつでも先輩の代わりにお客様の前に出られるよう準備**しておくこと。今の自分にできることはそれしかないと、蓮沼は考えていた。

蓮沼にとってのチャンスは、意外と早くやってきた。その日の午後に行われた営業会議で、ある社員が契約のクロージングに際し、渋谷に同行を求めたのだ。

渋谷はスケジュール帳をめくると、眉間にしわを寄せながら言った。

「うーん、その日は五反田《ごたんだ》社長のところに伺う予定が入ってしまっているんだよな」

五反田社長……株式会社ファイブフィールズのオーナー社長で、数日前に「東京プレミアマンションの件」という電話を受けた覚えがある。この機会を逃してなるものか！　蓮沼は思い切って挙手すると、渋谷のほうに身体を向けて発言した。

「部長、五反田社長のところにいらっしゃるというご予定は、東京プレミアマンションのご紹介のためでしょうか？」

「ああ、そうだ。よく知っているな」

驚いた様子で答えた渋谷の反応は、悪くはない。**部下の積極的な姿勢に対して満足**しているように見える。蓮沼は、もう一歩踏み込んだ提案をした。

「先日電話を取り次いだので、覚えております。もしよろしければ、部長の代理として、わたしに五反田社長のところへ伺わせていただけませんか？」

江田をはじめとした先輩社員は、蓮沼の提案に驚いた顔をしている。もちろん、山下も同じだ。渋谷は、まずは江田にその日の予定を確認し、蓮沼が空いていることを確認した。その後、蓮沼に向き直って言った。

「では、五反田さんの件は蓮沼にお願いしよう。わたしから先方に連絡をしておくので、よろしく頼む。くれぐれも失礼のないように。まあ、蓮沼なら安心して任せられるな」

蓮沼は小さく頭を下げると、涼しい顔つきでチラッと山下のほうを見た。うつむいて資料に何かを書き込んでいた山下の表情はよく見えなかったが、渋谷の客を怒らせた前科のある山下の耳は、真っ赤に染まっていた。

どうやら部長の一言が、自分に対する当てつけのように聞こえたようだった。

商談前の会話で打ち解けられるよう情報収集

五反田のもとを訪れる当日、蓮沼は晴れ晴れとした表情で会社を出た。

いつも同行している江田は、今日はいない。たったひとりで歩く解放感を、蓮沼は胸いっぱいに満喫していた。

今回の訪問の目的は、五反田から依頼があった物件の説明だ。しかし、**次の商談につながるような何かを持ちかえりたい**。小さな一歩ではあるが、ここでいいところを見せれば、**もはや江田の指導など必要ないことを証明できるかも**しれない。

蓮沼は、五反田について**事前に調べられることは調べ尽くし**ていた。**会社設立時の思い、趣味、座右の銘など、商談前のアイスブレイクにどんな話が出てきても対応できる自信**がある。五反田を攻略することで広がるはずの次のステージを見据えながら、蓮沼は胸を張って歩いていた。

株式会社ファイブフィールズは、蓮沼の会社からそれほど遠くない場所にあった。最寄り駅からはしばらく歩かなければならないが、小さいながらも自社ビルを所有している。

ロビーに入るやいなや、目に飛び込んできたのは、いくつかの風景写真だ。最も大きな富士山の写真は、立派な額に入れられ、写真展に入選した旨を記したプレートが添えられていた。

ははぁ、これが**社長ご自慢の写真**だな。

五反田の趣味は写真で、今でもフィルム独特の風合いにこだわって撮影しているということを蓮沼は事前に調べていた。なんでも、地方出張には必ず年代物のカメラを携えていき、時間を見つけては風景を撮影しているらしい。

秘書らしき女性社員に案内されてやってきた応接室にも、ロビーに飾ってあったのとはまた違う富士山の写真があった。

とりあえず、商談前には写真の話をしよう。蓮沼は、そう心に決めた。

目上の人に使ってはいけない〝NG褒め言葉〟

ほどなくして、五反田が応接室に入ってきた。思っていたよりも小柄な男性で、カメラや三脚を持って歩き回る姿が想像しにくい。

蓮沼は、初対面の挨拶と名刺交換を済ませたのち、姿勢を正して言った。

「**社長、本日はご多忙のなか、お時間を割いてくださいましてありがとうございます。貴重なお時間ですので、お役に立てるように努めます。どうぞよろしくお願いいたします**」

きっちりと四十五度に下げた頭の向こうから、五反田の穏やかな声が返ってきた。

「おお、若いのにしっかりしているね。大学を卒業したばかりの新人さんと聞いていたけれど、さすが渋谷さんのところの社員だな。まあ、座ってください」

「はい。失礼します！」

まずは、第一関門クリア。社長に対して、悪くはない印象を植え付けることができたはずだ。気を良くした蓮沼は、ソファーの端に座ると、部屋をぐるりと見渡しながら言った。

「それにしましても、社長が撮影されたお写真の数々、素晴らしいですね。こちらの富士山も見事ですが、先ほどロビーに飾られてあった『暁の富士』を拝見し、**非常に感銘を受けました**」

「おお、あの富士山を見てくれたか！」

一段階大きな声を出した五反田は、前のめりの姿勢になった。蓮沼も満面に笑みを浮かべながら答える。

「はい、もちろんです。あのような大作は、**なかなかのもの**だと思いました。**本当にお上手で、たいしたもの**でございます！」

蓮沼の言葉に、五反田はスッと身を引き、ソファーに身体を預けた。そして蓮沼をじろりと見やると、静かに尋ねた。

「君はカメラに詳しいのかね？」

「いいえ、そんなことはございません」

蓮沼は五反田の問いに答えると、笑顔をキープしたまま話し続けた。

「わたくしは、フィルムカメラのような古い機材を使ったことがないんです。写真はいつも、スマホで簡単に撮るだけですから。フィルムを使うと、現像に手間と時間がかかると聞いております。**やはり社長ともなられますと、お時間に余裕がおありなんでしょうね。うらやましい限りでございます**」

黙って蓮沼の言葉を聞いていた五反田は、明らかに不快な表情を浮かべた。

しかし蓮沼は、それに気付くことなく、マンションのパンフレットと数枚の書類を取り出しながら言った。

「本日はお問い合わせをいただきました、東京プレミアマンションの資料をお持ちいたしました。こちらのパンフレットの写真にも富士山がございます。ほんの小さな姿ですが、物件からも見えるようですね。こちらなんですが……」

「もういい」

「えっ？」

自分の説明をさえぎるように挟み込まれた五反田の言葉の意味が、蓮沼には分からなかった。俺は何か、間違ったことを言っただろうか？

動揺する蓮沼に向かって、五反田はもう一度、きっぱりと言った。

「もういい。今日は、これだけを置いて帰ってくれればよろしい」

「ですが、ご説明をさせていただきたく……」

食い下がろうとする蓮沼に目もくれず、五反田は立ち上がりながら言った。

「いや、もういいんだ。読めば分かるし、詳しいことが知りたいときには渋谷部長に聞くよ。君は写真に時間をかけられるほどヒマだと思っているらしいが、悪いがわたしも忙しいんでね。今日はこれで」

そう言うと、五反田はさっさと応接室を出ていってしまった。

ひとり取り残された蓮沼は、何が起こったのか、まったく理解できなかった。

目上の人を褒めてやろうとする考え自体が間違い

会社に帰ってきてからも、蓮沼は、何が五反田の機嫌を損ねたのかが分からなかった。五反田の趣味を十分に理解し、褒めるべきポイントを、正しく丁寧な言葉で褒めたつもりだったのに――。

数時間後、外出先から戻ってきた渋谷に事の次第を報告しようとしたが、あいにく渋谷のもとには、すでに五反田からクレームが行っていたようだ。

「お前、五反田社長に何を言ったんだ？『慇懃無礼とはあのことだな』と、文句の電話が来たんだぞ」

渋谷は蓮沼の顔を見るなり、厳しい表情で尋ねた。

「ご迷惑をおかけしてすみません。でも、**社長の趣味の写真を褒めただけ**ですし、**敬語も完璧だった**はずなんですが……」

「社長は、お前に偉そうな口をたたかれ、そのうえ、ヒマなんだろうと言われたと怒っていらしたよ。わたしはこれから会社に伺って、五反田社長に謝ってくるつもりだ。まったく、蓮沼なら安心して任せられると思っていたんだがなあ」

「申し訳ございません」

とりいそぎ頭を下げた蓮沼だったが、自分の何がどういけなかったのか、全く思い当たらない。そんな蓮沼をにらみつけた渋谷は、外出中に積み上げられたメモや郵便物にざっと目を通すと、再び席を立って出かけていった。

渋谷の背中を見送った蓮沼は、席に戻ると、江田に促されるまま、五反田との面談のときに交わした会話を再現した。

「まずは、写真展に入選したらしい富士山の写真があったので、『なかなかの大作だ』と。それから、『お上手でたいしたものです』と褒めたんです」

「……それから？」

江田は、話の先を促した。

「それから……『カメラに詳しいのか？』と聞かれたので、フィルムカメラは使ったことがないと。フィルムの現像に手間と時間をかけられるなんて、うらやましい限りだと言いました」

蓮沼の話を聞き終わった江田は、大きなため息をつくと、

「そりゃ、怒るわ。怒って当然」

と、吐き捨てるように言った。

「どうしてですか？　**ちゃんと丁寧な言葉遣いで写真を褒めてやったし**、いい趣味でうらやましいと、**お世辞まで言ってやった**んですよ。実際、僕のような新人サラリーマンには、そんな時間も金もないですからね。それの何がいけないんです？」

食い下がる蓮沼に、江田はぴしゃりと言った。

「そもそも、目上の人を褒めてやろうという考え自体が間違っているんだよね。なかなかたいしたものだ、上手だなんて、どんだけ上から目線なんだか。それに、ヒマなんだろうと言われて喜ぶ経営者がどこにいると思っているのよ」

「ヒマだなんて、一言も言ってませんけど？」

「言ってなくても、相手はそう受け取るの！」

江田の剣幕に、一瞬、営業部が静まり返った。蓮沼の隣の席で仕事をしながら二人のやり取りを聞いていた山下も、思わずビクリと身体を硬直させる。

江田はさらに言葉を継いだ。

「だいたいね、敬語さえ間違っていなければいいっていうのが違うんだよ。自分がこう言ったら相手はどう受け取るのか、そこを考えないで言葉遣いだけを正しくしてもしょうがないでしょ。褒めたり、おだてたり、お世辞を言ったりすることと、敬語を上手に使うこととは全く違うんだからね。もっと相手の気持ちを考えなさい」

江田の言葉に、蓮沼は反論できなかった。

確かに、相手を適当に褒めて、おだてて、気持ちよくさせて、上手く商談に持ち込んでやろうという下心があったのは確かだ。でも、営業たるもの、誰だって多少は下心を持っているのではないだろうか。そういう江田にだって、下心はあるんじゃないか？

蓮沼は、そっと尋ねた。

「江田さんは営業として、相手を褒めたりして気持ちよくさせて、上手く商談に持っていこうと思ったことはないんですか？」

突然の問いに驚いた様子の江田だったが、しばらく考えたのちに、言った。

「わたし、そういうの苦手なんだよね。どっちかっていうと、事を荒立てないように、問題にならないようにとへりくだってばかりで、こっちからあえて何かを言ったりしたことなんてないんだよなあ。営業は事なかれ主義なだけじゃダメだって、自分でも分かっているんだけどさ……」

そう答えた江田は、先ほどまでの剣幕はどこへやら、じっと一点を見つめて何事かを考え始めた。蓮沼は、それ以上問いを重ねることができなかった。

Column

目上の人を褒めたいときはどう表現すればいい？

五反田社長を怒らせてしまった蓮沼くんですが、どのように言えば社長の機嫌を損ねずに済んだでしょうか？

まず、江田さんが言ったように、「相手を褒めてやろう」という考えはよくありません。褒めるとは、「親が子供を～」「先生が生徒を～」のように、目上が目下に対してすることです。つまり褒めるということは、「自分のほうがあなたよりも目上です」と暗に示しているとも言えるのです。

そのため、目上の人に対しては「良い」「上手」「たいしたものだ」などの評価する言葉は避けましょう。

良いと認めて褒めてあげるのではなく、感心、尊敬する気持ちを素直に表現してください。

五反田社長の写真を見た蓮沼くんが、もしこう言っていたらどうでしょう？

「素晴らしい大作ですね、すごいです！」

こちらのほうが、「なかなかたいしたものだ、上手だ」と言われるよりも嬉しいでしょう。さらに、「どうしたらあんな写真が撮影できるのですか？　スマホではとても撮れない写真ですよね」と関心を示せば、社長も気分よく、いろいろな話をしてくれたに違いありません。

別の例で考えてみましょう。上司が素晴らしいプレゼンテーションを披露したら、なんと言いますか？

「いいプレゼンテーションでした。お上手です」

これでは、上司を不快にさせてしまいます。

「素晴らしいプレゼンテーションで、思わず見入ってしまいました。どうしたらあんなふうにできるのですか？」

こう言う部下のほうが、上司としては何かと目をかけてやりたくなるものです。

相手を評価するのではなく、敬意と関心を示す――。これが目上の人と接するコツです。

Round 4

新人・山下 VS 先輩・江田

一本調子で事務的、かつ回りくどくなる「いただきます」連発敬語

新人らしい不器用さや一生懸命さもひとつの武器

梅雨《つゆ》に入り、蒸し暑い日が続いている。

そういえば、もうすぐ一年で一番昼の時間が長い日が来るんだっけ。

営業先から会社に戻る道すがら、山下は腕時計を確認した。六月の十七時四十分は、まだまだ昼のような明るさだ。

今日訪れたお客様先は、先輩社員から引き継いだ女性のお宅だった。ご主人が亡くなり、二匹の飼い犬だけが家族となったが、近所の犬仲間と一緒に毎朝毎晩散歩をするのが日課だという元気なおばあちゃまだ。

まだ敬語が苦手で、時に無礼な言い回しをしてしまう山下だったが、**新人らしい不器用さや一生懸命さが気に入られ**、彼女には特にかわいがってもらっていた。たまに運用管理の報告書を持参すると、そのまま彼女の世間話につき合わされ、長居してしまうこともしばしばだった。

会社に戻ったら、江田さんに下読みをしてもらっていたメールを送らなければ。特に宮崎さんのメールは、早急に送らないといけないな。

以前、**バイト敬語を使って怒らせてしまった**宮崎は、今でも渋谷の重要な顧客だ。あの一件以来、山下がひとりで宮崎に対応する機会はなかった。しかし事務的なメールのやり取りに関してのみ、山下が渋谷の代行をすることもあった。

山下は、すべてのメールを送る前に江田のチェックを受けるようにしている。そのぶんお客様に送るのが遅くなってしまうのが悩みの種だったが、必ずと言っていいほど指摘が返ってくるので、やめることができない。

今度こそ、指摘ゼロだといいんだけれど。

山下はそんなことを考えながら、帰り道を急いだ。

初めて接する人に「いつもお世話になっています」はおかしい

「江田さん、お昼にお願いしたメールのチェックなんですけど」

「ああ、プリントアウトしたものに赤字を入れておいたよ」

恐る恐る尋ねた山下に対し、江田は山下の机の一角を指し示しながら答える。

「ありがとうございます！」

そう言ってプリントに目を通し始めた山下は、やがて誰の目にも明らかなほど、がっかりとした表情を見せながら言った。

「相変わらず、チェックが多いですよね」

「それは、こっちのセリフなんだけどな」

江田はそう言うと、山下の手から一枚のプリントを取った。

山下は、思わず声を上げた。

「これ！　このメールは自信があったんですけれど……」

山下が書いたメールの添削例①

不動産投資について

このたびはお世話になります。

件名：お問い合わせの件

株式会社あいおい企画　総務部　鈴木太郎様

初めまして。いつもお世話になっております。株式会社グレードアップライフの山下敬太と申します。

このたびは、弊社の収益物件売買仲介事業にお問い合わせをいただきありがとうございました。
さっそくお知らせいただいたご住所あてに、資料をお送りいたしました。
ご覧になられた上でご検討くださいますよう、よろしくお願い申し上げます。

もしよろしければ、わたくしより改めてご説明に伺わせていただきます。
後日お電話させていただきますので、よろしくお願いいたします。

先日は、

ご覧になり

「まず、『ご覧になられる』。『ご覧になる』と『〜られる』という尊敬語が合わさって**二重敬語**になっているから、間違い」

●ひとつの単語について、同じ種類の敬語を二重に使わない

×おっしゃられています　○おっしゃっています
×お越しになられます　○お越しになります
×ご覧になられます　○ご覧になります
×お承りいたします　○承ります、お受けいたします

「でも、これって、けっこう使っている人、多いですよね？」

山下は反論を試みた。しかし江田は、

「間違いは間違いだから。間違っている言葉を、あえて使う意味って何？」

と、クールに言い放つ。

言い返せない山下に向かって、江田は次の指摘をした。

「あと、件名と、冒頭の挨拶がダメ」

●件名は、一目で何について書いてあるか分かるように工夫する

本文を開かずとも、用件が何かを推測できるように書く。

●「初めまして」なのに、「いつもお世話になっております」は変！

「いつもお世話になっております。○○です」という定型文は、初めての人には使わない。

山下と江田のやり取りを見ていた蓮沼も、話に入ってきた。

「なるほど。実は僕も、初めての人に対する冒頭の挨拶はなんて書くのが正解なのか、分からなかったんですよ。『**このたびはお世話になります**』を使えばいいんですね。勉強になります」

そう言いながら、蓮沼はひとつ気になっていた。

このメール、全体的になんかクドい気がするんだけど……。「〜いただきます」が多すぎじゃね？

それを指摘するかどうかを迷っているうちに、江田は二枚目のメールについて、解説を始めた。

丁寧さに気を取られすぎると回りくどくなる

「これは敬語云々の問題以前に、**ビジネス文書の基本、簡潔に短く、分かりやすく書く**というのがなってないよね」

●最初に用件を端的に伝える

理由や説明は後回し。まずは伝えなければならないことを書く。

山下が書いたメールの添削例②

件名：内覧日のご変更について

宮崎賢司様

いつもお世話になっております。株式会社グレードアップライフの山下敬太です。
先日は内覧日ご変更のご依頼をいただき、ありがとうございました。

本日ご連絡いたしましたのは、ご希望の6月20日10時～はウッドヒルズ川崎側の都合で内覧いただけないことが分かりましたため、別の日程をお教えいただけないかとご相談したいためです。

ウッドヒルズ川崎は、6月20日、21日の両日以外でしたら可能ということです。
つきましては、上記以外でご都合のよろしい日程を、いくつかお知らせいただけないでしょうか。

お忙しいところ恐れ入りますが、よろしくご検討ください。

本日は、内覧日程を再考していただきたくご連絡いたしました。
実は、ご希望の6月20日10時～は、ウッドヒルズ川崎側の都合で内覧いただけないことが分かりました。

●一文はなるべく短く、全体は何度もスクロールしなくてもいい程度の長さに

相手の読みやすさ、理解のしやすさを最優先に考える。

江田は、赤字の部分を指し示しながら言った。

「ビジネスメールは、用件を簡潔に、分かりやすく伝えることが目的なの。失礼のない言い回しに気をつけることも大切だけど、**分かりやすさを最優先**にね」

「はい。ありがとうございます」

今回も江田にはかなわなかった。いつになったら江田のチェックから卒業できるのかを考えただけで、山下は途方に暮れてしまった。

明らかにしょんぼりとした山下に向かって、江田は言った。

「でもさ、山下くんの最初の頃のメールに比べたら、ずいぶん進歩したよ。最初はあて名も冒頭の挨拶も締めくくりの挨拶もない、ＬＩＮＥみたいな文章だったもんね」

メールの基本要素

件名：内覧日のご変更について

宮崎賢司様 ―― あて名

冒頭の挨拶

いつもお世話になっております。株式会社グレードアップライフの山下敬太です。
先日は内覧日ご変更のご依頼をいただき、ありがとうございました。

本日は、内覧日程を再考していただきたくご連絡いたしました。
実は、ご希望の6月20日10時～は、ウッドヒルズ川崎側の都合で内覧いただけないことが分かりました。

ウッドヒルズ川崎は、6月20日、21日の両日以外でしたら可能ということです。
つきましては、上記以外でご都合のよろしい日程を、いくつかお知らせいただけないでしょうか？

締めくくりの挨拶

お忙しいところ恐れ入りますが、よろしくご検討ください。

江田は、メールの文章に関してことのほか手厳しかった。**顔や声の表情が伝わらないぶん、対面で話す以上に気をつけなければいけない**というのが彼女の持論だった。

「山下くんは、お客様に対する愛があるのに、ちょっとしたものの言い方や文章で損をしているんだよね。だからわたしは、厳しく言ってるの。本当にもったいないよ。ちょっと直すだけで見違えるんだから、しっかりしてよね」

江田のエールは、山下の心にまっすぐに伝わっていた。だからこそ、自分の知識のなさに歯がゆい思いをしていたのだった。

「させていただきます」はクセになる

数日後、山下は自信作を江田に送った。

江田は山下からのメールを一読するなり、満面の笑みで言った。

「山下くん、すごいじゃん！　用件が簡潔に伝えられているし、詳細がまとめて書かれているから、とても親切！　ほぼ完璧だね！」

「……ほぼ、ですか？」

珍しく褒められたのは素直に嬉しいが、「ほぼ」とはどういうことだろう？　自分としては、文句なく完璧のはずなのだが。

江田はプリントアウトした山下のメールを手に取ると、にっこりとしながら言った。

「まあ、尊敬語と謙譲語を取り違えたりみたいなケアレスミスはなかったから、いいと言えばいいんだけど……山下くんって、**『させていただきます』っていう言い回しに頼りがち**だよね。そういえば、以前のメールも『いただきます』だらけだった気がする。それを言い換えられたら、もっとかっこよくなるんだけどな」

そう言うと、江田はメールに赤字を入れ始めた。

江田の赤字に、山下は舌を巻いた。

確かに自分の文章は、「させていただく」ばかりだ。それに比べて、江田が入れた赤字の、なんとこなれていることか！

自分も、こんな文章をさらりと書けるような人間になりたい。そして、お客様の信頼をもっともっと得られるようになりたい。

言い回しひとつで洗練された文章になるということに、山下は初めて気づいた。

山下が書いたメールの添削例③

お伝え申し上げます。　　いたしました。

件名：ウッドヒルズ川崎、内覧日決定の件

宮崎賢司様

いつも大変お世話になっております。株式会社グレードアップライフの山下敬太です。

ウッドヒルズ川崎の内覧につきまして、第一希望としてご連絡をいただいておりました6月22日11時～で設定させていただきました。
念のため、下記に詳細をお伝えさせていただきます。

【ウッドヒルズ川崎・内覧について】
住所　川崎市幸区○○○○○
日時　6月22日11時～1時間程度を予定
URL　http://www.○○○.co.jp
当日は、部長の渋谷とわたくしがご案内させていただきます。
当日に何かございましたら、わたくしの携帯電話090-0000-0000にご一報ください。

このたびは、内覧日をご調整いただき、ありがとうございました。
宮崎様にお会いさせていただき、お話させていただくことを楽しみにしております。

お目にかかり、　くださり、　を伺う　いたします。

Column

メールは“ダブルチェック”で読みやすく

山下くんは、江田さんにメールの添削をお願いしています。これはとても効果的な方法ですので、慣れないうちはぜひ上司や先輩にチェックしてもらいましょう。

しかし、忙しいビジネスの現場で、いつまでも人に頼ることはできません。自分で見直しをするコツ、それが〝ダブルチェック〟です。メール送信前に誰でも一度は読み返すと思いますが、それだけではなかなか改善点は見つかりません。少なくとも二回は見直してください。着目点は次の通りです。

【一回目】内容、構成と敬語の間違いに注目！

まずは内容や書き方に間違いはないか、伝える順序は良いかなどに注目します。

特に次の三点を見てください。

・要点がすぐに伝わるか……大事なことが先、補足は後の順序にします。

・数字のミス、誤字脱字、誤変換がないか……特に日時や金額など、トラブルにつながる部分に注意します。

・敬語の間違いはないか……二九ページの敬語の表を参考にしましょう。

【二回目】文字、単語、語句の重複に注目！

次に、意味内容は考えず、ただ字面だけを見てください。同じ文字、言葉がないかだけをチェックします。

例えば「説明書に書いてあります」ならば、「書」がダブっていますから「説明書に記載があります」としたほうが、大人らしい文章になります。「改善することが大切なことです」ならば、「こと」をひとつ省いて「改善することが大切です」とすればすっきりします。「改善が大切です」とすれば、さらに簡潔ですね。本文に出てきた「いただく」の連発も、この方法で減らすことができます。

自分が書いた文章を客観的に見るのは難しいことですが「意味内容を見ずに言葉の重複だけをチェックする」視点が持てると、メール文は驚くほどすっきりします。

【中級編】

「敬語の五分類」を理解し敬語を使いこなせばケンカにも勝てる！

Round 5

先輩・江田 VS クレーマー

クレーマー撃退には「ワンパターン謝罪」より敬語できっぱり

顧客に信頼される言葉遣いの美しさや物腰の柔らかさ

七月になると、そろそろ夏休みの予定が気になってくる。グレードアップライフの社内でも、夏休みはどこに行こうとか、チケットの予約を取らなければといった話題が聞こえるようになってきた。

「江田さんは、夏休みにどこかに行く予定はあるの?」

渋谷に尋ねられた江田は、にっこりとほほ笑みながら答える。

「今年は、旅行の予定も帰省の予定もないんです。ですから、人が少ない都心を満喫したいなと思っています。部長はどうなさるんですか?」

「僕は、妻の実家への帰省かな。家族の専属運転手で終わる予定だよ」

「あら、それは身体にこたえますね。気をつけていらしてくださいね」

江田の優しい言葉と笑顔につられて、営業部の空気も一瞬にして和んだ。

グレードアップライフ唯一の女性営業である江田は、言葉遣いの美しさや物腰の柔らかさでクライアントの評判も高い。ライバル社との比較になった際に、「江田さんの**ものの言い方が信頼に足る**と感じた」と評価し、グレードアップライフの物件を選んだというクライアントもいるほどだ。

そんなこともあり、社内の誰もが、江田は声を荒らげたり、崩した言葉を使ったりしないキャラクターなのだと思い込んでいた。――今年の四月までは。

江田の口調は、営業部に配属された新人二人組の指導をするときのみ、同世代同士のカジュアルな言葉遣いになった。特に、敬語が苦手で熱意が空回りしがちな山下に対しては、江田の指導にも熱がこもる。

「このメールの言い回し、前も注意したよね？　もう、何度も言わせないでよ」

「はい、すみません」

江田と山下のやり取りを耳にした先輩社員たちは、内心ホッとしていた。昨年、たったひとり中途採用で入社してきて以来、そつがなさすぎて優等生すぎるように見えた江田にも、ごく普通の若者らしい一面があることが分かったからだ。

クレーマーはわざと怒らせることを言ってくる

ある日の夕方、机の上で鳴っている電話を取った江田は、明るい声でこう言った。

「お待たせせいたしました。グレードアップライフでございます」

「ああ、待たされたよ！　この無駄な時間をどうしてくれるんだ？　ああ？」

電話の向こうから聞こえてきたのは、男の怒鳴り声だ。

確かに江田は「お待たせせいたしました」と言って電話に出た。しかし、三コール目の途中で電話を取ったレベルで怒鳴られる筋合いはない。

これは、面倒な人かも……。

江田は身構えると、受話器を持つ手に力を入れながら言った。

「ご不快な思いをさせて、申し訳ございません」

「ああ、本当に不愉快だ。お前のところはどんな教育をしているんだ？　お前は社員なのか、アルバイトなのか、どっちだ？　女だからどうせバイトかパートだろ？」

電話の相手は、**わざとこちらを怒らせる**ようなことを言ってきた。相当にヒマな人間か、ほかにストレス発散の手段がない気の毒な人のようだ。

江田は、相手をいたずらに刺激しないように、ソフトに対応しようと考えた。

「わたくしは社員です。よろしければご用件を承りますが……」

「社員なのに、このざまか。お前のところのコンプライアンスはどうなっているんだ？」

「申し訳ございません……」

明らかに**相手はクレーマー**だった。江田が客に対して強く出られない立場であることにつけこみ、困らせて優越感に浸ろうというつもりらしい。

「そもそも、お前の会社のあのウェブの広告はなんだ？　大きなマンションのＣＧ

だか写真だかがドカンと出てきて、下品なことこの上ない！　お前の会社には品格というものはないのか？　どうなんだ？」

ウェブ広告は、今に始まったものではない。それに対して、今さら文句をつけてくるなんて。残念ながら、これは長い電話になりそうな予感がした。

女性は客に甘く見られがちなのか……

「ご不快な思いをさせてしまい、申し訳ございません」

再び謝罪の言葉を口にしながら、江田はぼんやりと考えていた。

なんでわたしばかり、こんな目にあわなければならないんだろう？　新人を除けばわたしが一番年下だから、電話を取る回数が他の社員より多くなるのは仕方がない。でも他の社員に比べ、わたしは**クレーマーに捕まる確率が高い**ような気がする。

江田の斜め前の席に座っている蓮沼はいち早く異変に気付き、「どうしましたか？」

とでも言いたげな視線を送ってきた。しかし残念ながら、クレーマーの対応は新人に任せられることではない。

でも、もしも蓮沼が電話に出ていたとしたら？　電話の第一声が男性の声だったら、しかも、理詰めの議論なら負けそうにない蓮沼だったら、相手の態度も少しは違ったのではないだろうか？

いつも美しい敬語を使いこなし、女性らしい物腰が良いと評される江田だったが、実は、本人としては釈然としない思いがあった。**男性ではないということだけで、客に甘く見られている**ような気がしていたのだ。

「もうちょっと安くならないの？」

「こっちのサービスもつけてよ、無料で。いいでしょ？」

客からそういった言葉を向けられるたび、江田は顔に笑顔を貼り付けたまま、

「力不足で申し訳ございません……」

と語尾を濁らせつつ、やんわりと断っていたのだった。

それもこれも、わたしが女だからではないか？　男性だったら、そもそもそんな

ことを吹っかけられることもないのでは？　クレーム電話を受けながら、江田はどうすることもできない不公平な感覚に心をざわつかせていた。

相手を刺激しないようにへりくだって謝罪しても効果なし

江田は電話の相手に向かい、**丁寧に謝罪の言葉を口にし続け**ていた。しかし、相手は納得する様子を見せなかった。**なるべく刺激しないようにへりくだり、不快にさせないように細心の注意**を払っているつもりなのに、相手は一向に電話を切ってくれない。

「そもそも、なぜあのようなビジュアルの広告を作ったんだ？」

一転して相手は、冷静に尋ねてきた。

「申し訳ございません。広告の件は、わたくしでは分かりかねますので、担当の者より折り返しお電話をさせていただきます」

「いや、お前が答えろ！　さっき、自分は社員だと言っただろ？　社員であれば、客に答える義務があるはずだ！」

冷静からの、激高。その落差に、江田は思わず身体を震わせる。

「申し訳ございません。広告の件は、わたくしよりも担当のほうが詳しいかと……」

そう言いながら、江田は広報担当がいるほうに視線を送った。しかし会議中なのだろうか、そのあたりの席には、誰もいなかった。

相手は、**ますます図に乗って、ネチネチと攻撃**し始めた。

「俺はお前に聞いている。なぜ御社の広告のビジュアルはあのようなものなのか？社員であるお前が答えるべきだ」

「大変申し訳ございませんが、わたくしでは分かりかねまして……」

「分かりかねるような社員を雇っているのはどういうことなのか？　お前の会社のコンプライアンスポリシーはどうなっている？」

「大変申し訳ございません。わたくしが軽々しくお答えするわけにはまいりませんので……」

「俺はお前に聞いているのだ！」

こちらの言葉に対していちいち揚げ足を取り、電話を切らせてくれない。相手は、とんでもなく**粘着質なクレーマー**だった。

相手が激怒しても敬語を使ってきっぱりと主張

ふと電話の液晶画面を見ると、**受話器を取ってから二十分以上が経過**していることが分かった。相手はまだまだ解放してくれそうにない。

斜め前の蓮沼は、「僕が代わります」と書いたメモを江田の目の前で振っている。先ほどまでいたはずの先輩社員たちは、江田のピンチに気付かないようなそぶりで席を立ち、どこかに逃げてしまった。

いっそのこと、蓮沼にすべてを託してしまおうか……。

そんな思いがよぎった瞬間、「ただいま帰りました！」という山下の能天気な声が聞こえてきた。山下が帰ってきたということは、渋谷も一緒のはずだ。

江田と蓮沼のすがるような視線に迎えられた渋谷は、すぐに異変を察知した。

蓮沼から、江田がクレーマーにつかまっていること、何やら広告に関する文句を言われているようであることを聞いた渋谷は、江田の電話の保留ボタンを強引に押すと、自席でゆっくりと受話器を取った。

「お待たせいたしました。部長の渋谷と申します。広告に関するご意見ですね」

「あっ……そうだが、まだ話の途中だ！　失礼な！　あの女を出せ！」

電話の相手は、男性の声に一瞬ひるんだものの、なおも江田に執着している。

「わたしがお話を伺いましょう。弊社の広告に対してご不満がおありとのことでしたが、具体的にどのようなご不満でしょうか？」

あくまでも**ビジネスライクに話を進める**渋谷の口調は、冷静ではあったが、意味のないクレームは許さないとでも言わんばかりの迫力だ。

「だから……あのＣＧだか写真だかよく分からないビジュアルが下品だと……」

「**さようでございますか。貴重なご意見、ありがとうございます。しかし弊社とし**

ましては、広告を変更する考えはございません」

「なんだと？　客が不快だと言っているのに、なぜ変更しない？　無礼だと思わんのか？」

「承りましたご意見は、今後の参考にさせていただきます。わたくしどもといたしましては、これ以上お話することは何もございません」

「……よくもお前、客に向かって……」

相手が再び激高しそうなタイミングを見計らい、渋谷はとどめの一言を突き付けた。

「これ以上通話を続けることは、弊社の業務を妨害しているとみなさざるをえませんが、よろしいですか？」

敬語を使ってきっぱりと主張し続ける渋谷の毅然とした態度に、江田は目を見張った。あくまでも言葉遣いは丁寧だが、言っている内容は相手のクレームに耳を貸すつもりはないということだ。一歩間違えれば、相手を激怒させかねない。

江田が心配した通り、相手は渋谷の言葉を聞くなり、「もういい！　訴えてやる！」

と叫んで、一方的に電話を切った。その声は、渋谷の周りに集まっていた江田や山下、蓮沼の耳にまで聞こえてきたほど大きかった。

渋谷は静かに受話器を置いた。

「なかなか面倒なクレーマーだったな」

そう言うと、唇の端をゆがませてニヤリと笑った。

大切な自分を防御するために敬語を使う

茫然とした顔つきのまま、江田は言った。

「部長、あの……大丈夫でしょうか？　お客様を怒らせてしまったのでは？」

手をギュッと握りしめたまま立ちすくんでいる江田の目を見つめながら、渋谷はゆっくりと言い聞かせた。

「世の中には、いきなり怒鳴りつけてきたり、脅迫まがいのことを言ったり、こちらの言葉に対して揚げ足を取ってくるような、ストーカーまがいのクレーマーがいる。いいか、**そんなヤツは客と思うな**」

江田は、じっとしたまま渋谷の次の言葉を待っている。

「こちらに非があるクレームに対しては、誠心誠意対応しなければならない。でも、こちらには非がない言いがかりには、あくまでも丁寧な言葉遣いは崩さず、毅然とした態度で相手の言葉を突っぱねろ。**大切な自分を防御するために、敬語を使いこなすんだ**」

「自分を防御するための敬語……ですか？　へりくだるためじゃなくて？」

横から疑問を挟んできたのは、蓮沼だ。渋谷はもう一度ニヤリと笑って言った。

「蓮沼、敬語はな、**相手をおだてたり、お世辞を言ったりするためにあるんじゃないんだぞ**。よく覚えておけ」

恥ずかしそうに下を向いた蓮沼の隣で、江田はまだ、納得いかない顔をしていた。クレーマーに対して、はっきりとものを言うべきだということはよく分かった。でも、部長のように言葉を切り返すことなど、自分にできるとは思えなかった。

Column

相手をいらだたせるワンパターン謝罪

クレーマーにつかまってしまった江田さんですが、しつこいのはクレーマーだけではありません。皆さんの周りにも、一度怒り出したら止まらない、困った上司やお客はいませんか?

そんなときに、「とにかく謝らなくちゃ」とばかりに「すみません、申し訳ありません」を連発していると、相手は、「謝れば済むと思っているのか!」とますますいらだってきます。

クレーム対応には、幅広い表現力が必要です。

わたくしは企業のクレーム対応窓口の研修を担当することがありますが、ベテランオペレーターのボキャブラリーの多さには感心します。

「申し訳ありません」以外のお詫びの言葉をいくつも駆使し、同じフレーズを繰り返し使うことはありません。さまざまな表現で相手の気持ちに訴えかけるので、クレーム客もだんだんと気持ちが落ち着いてきます。

できないことはできないとはっきり説明しつつ、落ち度がある場合には、きめの細かい表現で相手の気持ちに添いながら謝罪をする。そうするとお客の中には、「丁寧で親身な対応だ」と好意を持ってくれる人も出てきます。効果的な謝罪のために、さまざまな表現を覚えておきましょう。

●お詫びのフレーズ例

「申し訳ありません」「申し訳ございません」
「失礼をいたしました」
「（誠に／本当に）申し訳ないことをしてしまいました」
「（心から）お詫び申し上げます」
「お詫びの言葉もございません」
「なんと言ってお詫びして良いか分かりません」

●許しをお願いするフレーズ例

「どうぞお許しください」

「お許しくださいますようお願いいたします」

「このたびの件はご容赦ください」

●反省のフレーズ例

「（本当に）恥ずかしいことをしてしまいました」

「このようなミスは、（決して）あってはならないことです」

「（深く／心より）反省いたしております」

「二度とこのようなことがないようにいたします」

こうした表現をうまく組み合わせると、面談では一層誠意が伝わりますし、メールもより相手の心に響く文章になります。

Round 6

部長・渋谷 VS 取引先・松原

親しき中にも礼儀あり。「無礼講とため口」をどこで線引きするか？

顧客の自宅への到着が約束の時間より早すぎると……

真夏の外回りは、とにかくキツい。古い住宅街の一軒家に住むクライアントを訪れる場合は、特に注意が必要だ。閑静な地域と言えば聞こえはいいが、最寄り駅からかなりの距離をひたすら歩かされることもある。渋谷は、古くからのクライアントである松原の自宅付近まで、タクシーで乗り付けた。松原との商談は、グレードアップライフの会議室か松原お気に入りの喫茶店でするのが常だが、今回初めて自宅を訪れることになったのだ。

想定よりも早く到着したが、周辺には時間調整に使えるカフェもない。小さな公園に気付いた渋谷は、木陰のベンチに座ってみた。しかし、じっとしているだけでも汗が流れ落ちていく。

ふと時計を見ると、訪れると約束した時間の十分も前だった。

まあ、遅れて到着するよりはマシだろう。**松原さんと俺との関係なんだし、早く到着して怒られることはあるまい**。

そう判断した渋谷は、流れる汗をぬぐいながら松原家のインターフォンを押した。しばらく待ったのちに玄関の扉を開けたのは、怪訝な表情をした松原の妻だった。

「お約束の時間よりもだいぶ早く到着してしまい、すみません。あまりにも暑すぎるので、中で待たせていただけないだろうかと思いまして……」

渋谷を一瞥した松原の妻は、一言「どうぞ」とだけ告げると、何やら食事の匂いが残るダイニングに渋谷を通した。

遅めの昼食だったのか、それとも、早めの夕食の支度だろうか？

「だから早く片付けてしまえと言ったじゃないか！」

キッチンのあたりから、松原の虫の居所の悪そうな声が聞こえてくる。

「いやあ、すみません。わたしがお約束の時間よりも前に到着してしまったのが悪いんです。本当に、お構いなく」

渋谷はあわてて松原の声が聞こえてきた方角に向かって謝ったが、室内に流れている嫌な雰囲気は解消されそうにない。

まずいタイミングで来ちゃったなあ。これだったら、サウナのような公園のベンチで時間をつぶしていたほうが良かった。

しばらくすると、松原が手ずから麦茶を運んできた。

「え、松原さん……。すみません、わざわざ」

渋谷はひたすら恐縮するしかなかった。

親し気な言葉遣いが相手との距離を縮める?

松原と渋谷の付き合いは、かれこれ十年以上になる。以前は大手の不動産会社で働いていた渋谷だが、当時の上司が独立して立ち上げたグレードアップライフの理念に共感し、転職してきた。その直後、最初に掴んだクライアントが松原だった。

渋谷よりも五つほど年上の松原は、話の分かる兄のような存在だった。**松原が堅苦しい付き合いを良しとしない性分**だったため、松原と渋谷の会話は、まるで古い友達同士のようだった。

「それにしても、あの怪しげなベンチャーが潰れずに成長して、渋谷さんがここまで偉そうになるとはね」

松原は、折に触れてそんなことを言いながら、渋谷をからかう。

「松原さんこそ、よくもこんな怪しげなベンチャーから物件を買いましたよね」

渋谷だって、毒舌では負けてはいない。

グレードアップライフから初めての投資物件を購入し、不動産投資デビューを果たした松原は、今では複数の投資物件を抱えるオーナーだ。松原のオーナー業を支えているのはこの自分であるということが、渋谷のひそかな自慢だった。

その松原が、初めて自宅に呼んでくれた。何とも言えぬ高揚感が、到着時間の大幅なフライングという甘えを生んでしまったのかもしれない。渋谷の目の前に座った松原は、いつもよりも心なしか元気がなさそうに見える。いつもなら開口一番、やれ太ったとか、髪が薄くなったとか、軽口をたたいてくるはずなのに。

ダイニングの席に座り、一息ついた松原は、キッチンのほうに向き直った。そして、

「お前、あれがあっただろ?」

と、見えない相手に向かって声をかける。

やがて二人の前に、松原の妻が冷えたゼリーのお菓子を持ってきてくれた。

「これはこれは、恐れ入ります」

恐縮する渋谷に対してニコリともしないまま、妻はダイニングの扉を閉めると、どこかに下がってしまった。松原の妻を見送った渋谷は、小さな声で松原に尋ねた。

「奥さん、同席されなくていいんですか?」

「いいんだ、いいんだ。すまないねえ、こんなところまで来てもらっちゃって。いや、最近娘が反抗期でさ。それにつられてか、妻までご機嫌斜めなんだよな。参っちゃうよ」

いつもの調子が戻ってきた松原を目の前にして、渋谷は心底ホッとした。

「そうなんですね。実はウチの娘も、最近ムスッとしてばかりで。口を開けば『オヤジ、ウザい』だし、ほんと、やってらんないっすよ」

「だよな」

二人は小さく笑うと、ひとしきり近況報告を行った。そういえば、松原と直接顔を合わせるのは、かなり久しぶりな気がする。松原家の何となく重たい空気を追い出すかのように、渋谷は**あえてピエロになり、会社の近況や共通の知り合いのことを面白おかしく**話し始めた。渋谷が新しい物件のパンフレットを取り出したのは、すっかり**リラックスした表情になった松原を確認**したのちだった。

「ところで松原さん、以前、そろそろ物件を買い足したいって言ってたじゃないですか。実はね、お宝物件が出たんですよ。これです」

「どれどれ」

渋谷が持ってきたのは、確かにお宝と言っても差し支えないものだった。駅から徒歩五分の立地で、交通の便は申し分ない。物件自体も新しく、若い人が好みそうな間取りだ。

「人気の駅に近い物件ですし、空室リスクなんて有り得ませんって。ただ、投資家さんたちにも大人気の物件ですから、チャッチャと決めていただきたいなと」

昔なじみの松原が相手だと、話が早い。好みそうな条件を知っているだけに、ついつい物件の説明も適当になってしまう。

だが渋谷は、このお宝物件はぜひ松原に持ってもらいたいと考えていた。不動産投資をゲームのように楽しむ投資家ではなく、ひとつひとつの物件について、まるで我が子のように慈しみを持って語る松原に買ってもらいたかった。

「まあ、考えておくよ」

しかし、松原の反応は、想像よりもそっけないものだった。いつもなら、「さすがは渋谷さんのお墨付きの物件だ」とか、「渋谷さんが言うなら間違いないよな」といった一言をかけてくれるはずなのに。

少し気にかかったものの、今日明日のうちに返事をするという約束を取り付けた渋谷は、しばらく雑談を交わしたのちに松原の家を辞去することにした。帰り際、松原の妻に挨拶ができればと思ったが、彼女が顔を見せることはなかった。

敬語を正しく使えても、部下に的確に説明できるか？

汗をふきふき渋谷が帰社すると、営業部には江田以外の全員がそろっていた。

さては、暑すぎて外出を控えているんだな。

そう思った渋谷だが、声には出さず、言葉を飲み込む。やがて、新人の二人組が何やら言い争いをはじめた。

「だからさ、『モニュメントの前に行かせていただきます』って言ったら良かったんじゃないの？」

山下ののんきな声に対し、蓮沼が鋭く言い返す。

「お前、また『させていただく』病かよ」

「でも、間違いじゃないよね？」

「うーん……」

蓮沼は頭を抱えている。事情を尋ねた渋谷に、蓮沼が答えた。

「実は明後日、お客様とお会いすることになりまして。駅にあるモニュメントの前で待ち合わせることになったのですが、『では、**モニュメントの前に伺います**』って言ったら笑われちゃったんですよ。でも、何がおかしかったのか、よく分からないんですよね」

口を尖らせながら訴えた蓮沼の様子に、渋谷はフッと笑みをこぼした。

蓮沼ともあろう者が、たかが敬語で頭を悩ませているなんて。案外可愛らしいところがあるじゃないか。

「部長まで笑わないでくださいよ。僕、何が悪かったんですかね？」

蓮沼の問いに、渋谷はあわてて真顔を作った。

「まあ、普通は『**モニュメントの前に参ります**』って言うのが正解だろうな」

「どうしてですか？」

「どうしてって……まあ、**理由なんてどうでもいいから、用例はそのまま覚えろ**。それよりも、そのお客様には、何をどうご紹介するつもりなんだ？」

渋谷の声かけに対し、蓮沼は、

「そうでした。部長、少しお時間よろしいですか？　こちらの物件なんですが……」

と、商談の内容へと話を切り替える。さきほどまで蓮沼と一緒にしゃべっていた山下も、パソコンに向かって資料の続きを作成し始めた。のんびりとした空気が漂っていた営業部に、再びピリリとした緊張感が走った。

フランクな物言いが知らず知らずのうちに不愉快に

蓮沼のロールプレイングに付き合ったのち、いくつかの書類仕事をやっつけた渋谷は、ふと窓の外に視線を向けた。十八時を過ぎてはいるが、空はまだ薄明るい。

たまには早く帰ろうか。

まだ夏休み中の娘は、確か補習授業があるとか言っていたはずだ。部活やら補習やら塾やらで家族三人そろって出かけることのなくなった夏休みだが、たまには早く帰り、親子でゆっくりと話をしなければ。

渋谷は、この前娘と語り合ったのはいつだろうと考えたが、思い出すことができなかった。思い出せないぐらい、娘とじっくり話をする機会を作っていなかったということだ。

そうと決まったら、余計な仕事が降ってくる前に退散するに越したことはない。

渋谷はいそいそと机回りを片付けると、

「じゃあ、今日はお先に失礼するよ」

と営業部の面々に宣言し、席を立った。

その瞬間、外線電話に対応していた山下が申し訳なさそうな顔で渋谷に告げた。

「あの……松原様からお電話が入ったんですが、もうお帰りになったとお伝えしておきましょうか?」

「いや、大丈夫。出るよ」

そう言うなり、渋谷は自席に戻り、電話に出る。

これで松原が提案した物件を内諾してくれれば、万々歳だ。契約も決めて、早い時間に帰宅できるなんて、今日はなんてラッキーな日なんだろう!

しかし、電話の用件は正反対の内容だった。電話の向こうの松原は、「今回の物件の話は見送りたい」という話を切り出したのだった。

「松原さん、**マジっすか?**　あれは松原さんだから持っていった、とんでもないお宝物件なんですよ」

よもや断られるなどとは思ってもいなかった渋谷は、素っ頓狂な声を張り上げた。しかし松原は、あくまでも冷静な調子で言った。

「少し前から、タケダリアルティ社の営業とも親しくさせてもらっていると、渋谷さんにも話したよね。彼から紹介された物件が魅力的で、妻も気に入っているので、今回はそちらを購入することに決めたんだ」

「**マジっすか**……。いやあ、あの物件は、松原さんに持ってもらいたかったんだけどなあ」

渋谷はなおも、未練がましく食い下がる。

「渋谷さん、タケダの彼は、とても礼儀正しくて、頼りがいがあるんだよ。物件情報も、理路整然と分かりやすく説明してくれた。妻も彼を信頼しているんだ」

その松原の言葉で、渋谷は今日商談に行ったときの出来事すべてが腑に落ちた。松原の妻は、最初から俺ではなく、タケダリアルティの営業のほうが気に入っていたんだ。そこに自分が約束の時間の十分も前に訪れてしまい、彼女の怒りのスイッチを押してしまった。だから彼女は、最初から最後まで不機嫌そうな様子だったのだろう。渋谷は自分の行動を悔いた。

とはいえ、最終的な決定権は松原にある。彼とは長い付き合いなのだから、思い直してもらえるチャンスもあるはずだ。

渋谷は改めて、松原に向かって言った。

「いやあ、でも、考え直してくださいよ。**松原さんと僕の仲ですから**、今回も松原さんには特別に、十分なサービスをお付けするつもりでいたんですよ」

「そこなんだよ。その**軽薄なものの言い方**。**前から気になっていた**んだ。こっちは数千万円を出すのに、それを君に託して本当に大丈夫かと心配になってしまうんだ。確かに長い付き合いなんだから、渋谷さんが持ってきてくれた物件がお宝なんだろうということはよく分かる。でもわたしは、何がどうお宝なのか、詳細をちゃんと聞いていないよね？　その点、タケダの営業はとっても丁寧で、信頼できると思ったんだ。まあ、今回はそういうことなので、悪しからず。失礼させていただくよ」

一方的に切られた電話に、渋谷は茫然としていた。契約が取れなかったということよりも、自分が松原を、知らず知らずのうちに不愉快にさせていたらしいということがショックだった。

松原は、十年ほど前に出会ったときから、**無礼講を好み、堅苦しい話し方を嫌っていた**。そんな松原の出方をうかがいつつ、**あえてフランクな付き合いに徹していた**つもりだったのだが、今回はそれが裏目に出てしまったようだ。

たぶん、あの奥さんだな。奥さんがタケダの営業に言いくるめられたんだ。

まったく、松原さんに余計な入れ知恵をしやがって！

渋谷はカバンを手に取ると、とにかく今日は帰ろう、帰って頭を冷やそうと決めた。席を立ち、社を出る自分を営業部の面々が目で追っているのは分かったが、彼らに声をかけるだけの精神的な余裕はなかった。

Column

敬語を使わないほうが親しくなれる？

渋谷部長は顧客の松原さんと、あえてフランクな話し方をすることで、親しい関係を作ってきたと思っています。このように「敬語を使うとよそよそしい」「仲良くなるためには敬語なんか使わないほうがいい」と考えている人もたくさんいるようです。

確かに、親しい同僚や友人、家族や恋人同士の間では敬語など使いません。相手ともっと親しくなりたいと思うのであれば、敬語はむしろ邪魔な存在でしょう。しかし、ここで勘違いしてはいけないことがあります。ビジネス社会での親しさとは、プライベートな関係とは違うということです。

ビジネスでの人間関係には、立場の違いがあります。上司と部下、売る側と買う側は、どんなに親しくてもその区別をなくすことはできません。もしなくしてしまったら、それは相手に対して敬意を払っていないことになります。

上司や顧客に対してため口をきけば、それは「わたしとあなたは同等の立場ですよね」と言っているのも同然です。それを喜ぶ上司や顧客はいないでしょう。

仮に目上の人が「言葉遣いなんか気にしなくていい、ざっくばらんに付き合おう」と言ったとしても、それを文字通りに受け取るのは配慮が足りません。相手は「自分の立場が低くならない程度に親しくしてもいい」と言っているだけで、「あなたとまったく同等の立場になっていい」と言っているわけではないのです。

実際、ビジネスの現場で、こんな顧客の声をよく耳にします。

「最初は敬語だった担当者が、最近ため口になってきた。甘い客だとなめられているような気がする。もう付き合いたくない」

しかし、そう思われている担当者は、「あの人は自分のお得意さん」と思い込んでいる……。渋谷部長も、まさにこの状況にはまってしまったわけです。

本当にデキるビジネスパーソンは、敬語を使わないのではなく、よそよそしくならない程度に、上手に敬語を使いこなしています。

敬語ができるからこそ、お互いに尊敬し合って親しくなれる。これがビジネスにおける人間関係作りです。

Round 7

部長・渋谷 VS 妻

日常では使わない「ケンカに勝つ敬語」で相手を突き放す

仕事でのイライラを家に持ち込み娘ともギクシャク

夜と言うには早い時間の地下鉄の駅は、上りのホームも下りのホームも浴衣を着た女性や楽しげなカップルで混雑していた。沿線のどこかで花火大会があるのだろう。それにしても、ものすごい人ごみだ。

渋谷はイライラとした気分を抱えながら、自宅の方面に向かう電車に乗った。扉付近では部活帰りらしい高校生の集団が大声でバカ話をしていて、満員の車内の不快指数を上げている。

夏休みだから仕方がないとはいえ、今の自分の状況とはかけ離れた次元にいる若者たちのまぶしさにふと、うらやましいような、憎たらしいような気分を抱いた。

しかし、自宅の最寄り駅は、そんな車内の混雑からは考えられないほどの落ち着きを保っていた。他の駅と同様いつもよりも人出は多い気がするが、住宅街の駅らしく、浮ついた雰囲気はない。

渋谷は、昼間の暑さそのままの外気に閉口しながらも、家路へと急いだ。

家に着いた渋谷は、流れる汗をぬぐいながら扉の鍵を開けて「ただいま」と声をかけた。しかし、家の中からは誰の返事も返ってこない。キッチンから肉を焼くいい匂いと音がしている。妻は夕食の準備で手が離せない状況なのだろう。

ふと玄関の上がり口のところに目をやると、娘の通学用のカバンがそのまま放置されていた。だらしなく開けっ放しになっているファスナーからは中身が丸見えだ。どちらかといえばきれい好きで整理整頓好きの渋谷にしてみれば、カバンを玄関先に放ったまま本人の姿が見えないということ自体が信じられなかった。

まったく、アイツは何を考えているんだ？

一言言ってやらねばと思ったところに現れたのは、私服に着替えた娘だった。

ノースリーブのミニワンピースを着た娘は、渋谷の姿が目に入っていないかのごとく、一言も口をきかないまま玄関から外に出ようとした。

「ちょっと待て」

渋谷の口から出たのは、自分でも意外なほど低く鋭い声だった。娘は父の声に驚いた様子も見せず、ちらりと父を見る。

「お前、こんな時間からどこに遊びに行くつもりだ？　花火か？　誰と行くんだ？」

矢継ぎ早に問いただす渋谷に向かって、娘はムスッとしながら言った。

「ウゼーよ。たまに早く帰ってきたからって、父親面してんじゃねーよ」

そして、父を冷たい目でギロリと見返すと、扉を開けて出ていってしまった。

ひとり残された渋谷は茫然としていた。中学生になって以来、確かに反抗的になってきた娘だが、これほどまでにつれない態度を取られるとは思ってもいなかった。どうしてこんなになってしまったのだろう？　妻は娘の態度について、どう考えているのだろうか？

渋谷の頭のなかから、仕事にまつわるモヤモヤは一気に吹き飛んでしまった。その代わりに、娘や妻に関するたくさんの疑問が渦巻き始めていた。

頭とは裏腹に妻を攻撃する言葉が口をつく

キッチンに入った渋谷が見たのは、調理をしている妻の姿だった。何やら鼻歌交じりでご機嫌な様子だ。

妻は、こちらを見ている渋谷に気付くと、驚いた様子で言った。

「あらやだ、お帰りなさい。早かったのね」

そしてにっこりとほほ笑むと、再びフライパンに視線を落とした。どうやらハンバーグを焼いているところらしい。

「さっき玄関先で香奈《かな》とすれ違ったぞ」

「そう」

妻は軽く応じると、再び鼻歌を歌いながらハンバーグに集中している。

何の歌なのか分からないが、その鼻歌が渋谷をイラつかせた。

娘がこんな時間から外出したというのに、何の心配もないというのか？　あんな言葉遣いをする娘のことが気にならないのか？

渋谷は、妻に対する怒りが収まらなかった。

「お前、のんきに鼻歌なんか歌っていて、香奈のことをどう思っているんだ？」

「どうって？」

「まだ中学生なのに、ひとりでこんな時間に遊びに行かせるなんてどういうことだと言ってるんだ！」

反抗的な態度の娘と、たいしたことだと思っていない妻。さらには、満員電車のなかの若者たちや、物件を断ってきた松原。渋谷はいろいろなものに対する不満や怒りがないまぜになった自分を抑えることができなくなっていた。

そんな渋谷に対し、妻は呆れたような口ぶりで言った。

「香奈には、スーパーに粒マスタードを買いに行ってもらったの。わたしたちは普通のデミグラスソースでもいいんだけど、あなたのお気に入りはマスタードソースだから。あなたのために、わざわざ暑いなか買いに出かけてくれたのよ」

夕食の支度で手が離せないところなのに、夫が訳の分からないことを言ってきた。妻からすれば、渋谷の言葉は突然すぎる言いがかりにしか聞こえない。妻の冷たい視線と言葉に、渋谷は自分の早合点を悔いた。

娘は遊びに出掛けたのではない。母親に頼まれた買い物のために、それも、父親の好物を買うために出かけたんだ。

そのことは理解したが、ムカついた気持ちは簡単に収まらない。

「そうなのかもしれないが……あの言葉遣いはなんだ？　まるで不良じゃないか。それに、あの服装もひどいよ。腕も足も丸出しじゃないか」

妻が娘を放置しているわけではないということは、渋谷も分かっていた。娘が反抗的なのは一時的なものだろうということも、頭では理解できていた。それなのに、口から出るのは妻を攻撃するような言葉ばかりだ。

「どういうことなんだ？　お前、ちゃんと香奈を見ているのか？」

渋谷の攻撃に対し、妻はフライパンを持つ手を止めた。そして渋谷の目を見据えながら、はっきりとした口調で言った。

「あなた、さっきからあれこれと何なの？　勝手にあの子が非行に走っていると決めつけてみたり、言葉の乱れをわたしのせいにしてみたり。たまに早く帰ってきたからといって、いきなり父親面しないでくださいな。**いつもは何ひとつ相談にも乗ってくださらないくせに、一方的なご批判は大変不愉快です！**」

渋谷は、妻の物言いに鼻白み、一言も言い返すことができない。

やがてキッチンにほんの少しだけ焦げたようなにおいが漂い始め、妻はあわててフライパンに向き直った。

無意識のうちに言葉遣いも態度もぞんざいに

渋谷は、書斎代わりになっている小部屋に入るなり、大きなため息をついた。

悪いのは自分だということは、重々承知している。このところ汚い言葉ばかり使う娘が夜遊びに行くに違いないと誤解したのも自分だし、娘の言葉遣いや態度を妻の監督不行き届きなのではないかと疑ったのも自分だ。

さらに言えば、松原が物件を断ってきた理由も、タケダリアルティの営業に言いくるめられた奥さんの入れ知恵だけが原因ではないことは分かっている。昔なじみの客ということで油断してしまい、**いつのまにか言葉遣いも態度もぞんざいになってしまった**自分が悪い。

何もかも自分が悪いのは分かっているんだけれど……。

渋谷は、娘の言葉と妻の言葉を思い出していた。

――ウゼーよ。たまに早く帰ってきたからって、父親面してんじゃねーよ――

――**いつもは何ひとつ相談にも乗ってくださらないくせに、一方的なご批判は大変不愉快です！**――

言葉遣いは大いに異なるが、同じようなことを娘と妻に言われてしまった。

渋谷の口元に、フッと自虐的な笑みが漏れた。大切な家族からも顧客からも、同じタイミングで距離を取られてしまったことが、痛烈な皮肉のように感じられてならなかった。書斎で着替えた渋谷だが、妻がいるダイニングに行くのは気が進まなかった。なんとなく玄関先に来てみると、娘が置きっぱなしにしていたカバンの脇に、数本の蛍光ペンが挟まれたままの国語の参考書があるのを目にした。

帰宅時のバスの中で、読みながら帰ってきたのだろうか？

半開きになっていた参考書のページは、敬語について書かれたページだった。よく見てみると、「**敬語の五分類**」という表（一二九ページ参照）がある。

父親が自分の参考書を勝手に見ていたと知ったら、娘は怒るだろうな。

そう思ったが、「敬語の五分類」という言葉に興味をそそられた渋谷は、そのページから目を離すことができなかった。

部下に敬語を教えたいなら、基本の分類に立ち戻れ

娘の参考書に書かれていた「敬語の五分類」のページには、たくさんの蛍光ペン

が引いてあった。近々テストでもあるのだろうか？

のぞき見をしながら、渋谷は頭が混乱してきた。

謙譲語が二種類？　これって、会社で蓮沼が悩んでいた「伺います」と「参ります」の話だよな？

とりあえず面倒なことはすべて覚えてしまえばよいと考えていた渋谷は、**ビジネス上で必要な敬語も、丸覚えしたうえでなんとなく使いこなしていた**。ところが、敬語にはちゃんとした法則があるらしい。

蓮沼に説明してやりたいと思った渋谷は、玄関の上がり口に座り込み、参考書に夢中になっていた。

しばらくしてガチャリという音に我に返った渋谷は、帰ってきた娘と鉢合わせする格好になった。

驚いたのは、娘の香奈だ。帰ってきたら父親が座り込んでいて、自分の参考書を読んでいるのだから。

「な、なに勝手に見てんだよ！」

「おお、すまん……」

渋谷は素直に謝ると、さらに言葉を継いだ。

「それから、さっきも悪かった。香奈は夜遊びに行ったんじゃなかったんだな。ごめん」

小さく頭を下げた父親を見た娘は、目を丸くしていた。

いつもお調子者で、適当で、家庭内の面倒なことはすべて母親に押し付けて知らん顔をしているサイアクな父親のはずなのに……。

固まったままの娘を前に、渋谷は小さくつぶやいた。

「参考書も、勝手に見ていてごめん。でも、父さんは敬語とか全然分かってないんだなって思ったよ。香奈はちゃんと勉強していて、偉いな。**父さん、会社の部下に敬語の正しい使い方を教えてやりたい**んだけど……案外大人も使いこなせないものなんだよ、敬語って。難しいよな」

香奈はしょんぼりとしている父親に向かって、

「知らねーし」

と吐き捨てるように言うと、カバンと参考書を乱暴に抱えるなり、自分の部屋に行ってしまった。

じっと玄関先に座ったまま、渋谷はうなだれていた。

俺は、何をやっているんだろう?

娘にも嫌われ、妻にも嫌われ、顧客にも逃げられ……。

どこか遠くのほうから、ドンというかすかな音が聞こえてきた。

花火大会が始まったようだった。

どのくらい経っただろうか?

聞こえるか聞こえないかギリギリの打ち上げ音に耳を澄ましていた渋谷のそばに、娘の香奈がやってきてぶっきらぼうに言った。

「これ、明日の夜まで貸してやるよ。千円ね」

渋谷の顔の前に差し出してきたのは、例の国語の参考書だった。驚いた渋谷が娘を見上げると、そっぽを向いた娘が念を押してきた。

「貸出料、千円だから」

「分かった。ありがとう」

参考書を受け取った渋谷が礼を言うと、さらに娘は付け加えた。

「あと、ママがご飯の用意ができたってさ」

娘の後についてダイニングに入ると、そこには渋谷の大好きな、マスタードソースをかけた大きなハンバーグとビールが並んでいた。キッチンにいる妻は後ろ姿しか見えないが、さりげなく置かれていたビールに、妻の優しさを感じた。

「うわあ、旨そうだな」

思わず声に出してしまった渋谷は、心に決めた。

今日もいつもの通り、お調子者でウザい父親を演じよう。

おそらく娘は、不機嫌な様子でテレビを見ながら食事をするに違いない。それでも俺は、いつもの調子で娘や妻に話しかける。そして、明日からまた、粛々と毎日を過ごしていく。

渋谷はさっそく、大好物のハンバーグを口にした。端が焦げたハンバーグは、少しだけ苦い味がした。

Column

嗚呼、勘違い！「敬語って時代劇語？」

「敬語って古い時代のお堅い感じの言葉でしょ？　テレビやマンガの時代劇で使っているよね」

こう思っている人も少なからずいるのではないでしょうか。

ある時、某有名企業の研修でこんなことがありました。

『来ます』の謙譲語はなんでしょうか？」

敬語の基本問題としてこう質問したら、ひとりの受講生がさっと手を挙げてこう答えたのです。

「はいっ！　見参です！」

それはビジネスでは使わないでしょ……と戸惑っていたら、隣の席の受講生が、「違うよ。はいっ！　先生っ！」と手を挙げてくれました。

ほっとしてその人を指したら、彼の答えは「参上！」。

「それじゃ、あなたたちは上司に呼ばれたら『山田、見参！』『佐藤、参上！』と言うんですか？」と尋ねたら、みんな大爆笑になりました。

研修中なら笑い事ですみますが、ビジネスの現場だったらとても恥ずかしいことになります。

取引先の女性担当者から来たメールに、次のような一文がありました。

「何かございましたらご連絡ください。小生の携帯番号を以下に記します」

後でその女性に会う機会があったので、どうして「小生」を使ったのか尋ねてみました。

「えっ？　謙譲語だと思って……。違うんですか？」

この人も、古い時代を舞台にしたテレビドラマか何かで覚えたのでしょう。「小生」は確かに自分をへりくだって指す言葉ですが、現代のビジネス敬語では用いません。それにもともと男性が使う表現ですので、その点でもおかしな言葉遣いです。

普通に「わたくし」と書いておけば良かったのに、「頑張って敬語を使わなくちゃ！」と、うろ覚えの言葉を使って間違える。これは恥ずかしいですよね。

普段はくだけた言葉遣いばかりで、いざというときだけ「丁寧な敬語で！」と無理をすると失敗します。

こんな話もあります。旅行会社に勤めている新人社員が、その日、海外旅行に出発する予定の顧客からの電話を受けました。聞いてみると「パスポートを忘れてしまった！」とのことです。

「えっ!? そりゃやばいじゃん！」ととっさに思った彼の口から出た言葉は、「お客様、それはやばい……でございます！」

後で上司に叱られたことは言うまでもありません。

敬語を「普段はめったに使わない、時代劇のような言葉」と思っていると、こんな失敗をしてしまいます。日頃から敬語に親しんでおくことが、恥ずかしい失言を防ぐもっとも効果的な方法だと言えるでしょう。

Round 8

新人二人 VS 部長・渋谷

新入社員に「敬語の五分類」をどう説明するか？

謙譲語と丁寧語が二つずつある「敬語の五分類」

夕食後、自分の部屋へと行ってしまった娘の後ろ姿を見送った渋谷は、さっそくダイニングで参考書を開いた。そこには「敬語の五分類」の表（一二九ページ参照）が掲載されていた。

謙譲語と丁寧語が二つずつある「敬語の五分類」。確か自分が習った時代は、尊敬語と謙譲語と丁寧語の三種類しかなかったはずだけれど。

真剣に読書をしている渋谷のもとに、妻はお茶を運んできた。そして読んでいるものが娘の参考書だということが分かると、茶目っ気たっぷりに言った。

「あら、香奈があなたに参考書を貸すだなんて、ど

敬語の五分類

五分類		三分類
尊敬語	「いらっしゃる・おっしゃる」型	尊敬語
謙譲語Ⅰ	「伺う・申し上げる」型	謙譲語
謙譲語Ⅱ（丁重語）	「参る・申す」型	
丁寧語	「です・ます」型	丁寧語
美化語	「お酒・お料理」型	

文化審議会答申「敬語の指針」より

ういう風の吹き回しかしら」

夕食前の妻の激怒は、一過性のものだったようだ。

渋谷は、妻にも**謝らなければと思いつつ、そのチャンスをのがしていた**ことに気付いた。そんな渋谷の心情を知ってか知らずか、妻は娘について語り始めた。

「香奈はね、あんな言葉を使っているけれど、本当はパパのことが好きなのよ。じゃなきゃ、わたしがお使いを頼んだとしても行くわけないじゃない？　ちょっと悪ぶってみたり、背伸びしてみたり、あなただって同じくらいの年の頃には心当たりがあるでしょ？」

「そうだな……すまなかった、本当に」

渋谷の謝罪の言葉は、娘に向けたものでもあり、妻に向けたものでもあった。

相手がいるかいないかで謙譲語を分類する？

妻は渋谷の隣の席に座ると、自分もお茶を飲みながら、参考書をパラパラとめくった。ほぼ全部、といった調子でべったりと引かれた蛍光ペンにあきれつつ、妻も渋谷が思ったことと同じ発言をする。

「わたしたちの頃は、敬語は三種類って習ったよね」

「そうなんだよ。どうやら謙譲語と丁寧語が二つになったみたいだな」

解説を読み進めてみると、丁寧語が二つに分かれた新しい「丁寧語」と「美化語」は、それほど難解なものではなさそうだ。

【丁寧語】 語尾を「～です」「～ます」「～ございます」とする

・「わたくしは田中でございます」は○、相手に向かって「田中様でございますね」は×

丁寧語には尊敬語の働きはないので、相手の名前に直接つけない。「田中様でいらっしゃいますね」が正解。

・「〜になります」よりも「〜ございます」が美しい

最近よく耳にする「お品物になります」「お手洗いはあちらになります」は、いわゆる〝バイト敬語〟。「お品物でございます」「お手洗いはあちらでございます」が正しい。

【美化語】単語の前に「お」や「ご」をつける

・外来語、カタカナ語にはつけない

飲食店で「おビール」と言うのは、業界特有の言い方。通常は使わない。

・自分のものにはつけない

「お水をください」のように一般的なものにはつけられるが、「これはわたしのおカバンです」のように、明らかに自分が所有するものにはつけない。

このように、丁寧語と美化語は、どちらも日常的によく耳にするなじみのある言葉だ。

妻は興奮した面持ちで言った。

「『**田中様でございますね**』っていう言い回しは、よく聞くし、ついつい言ってしまいそうな言葉よね。でも確かに、**丁寧語は言葉を丁寧にするだけで、尊敬の働きはない**って習った記憶がある。ずっと忘れてたけどね」

参考書を読むのは、当事者の学生以上に、大人のほうがワクワクするようだ。

ただし、思いのほか難しく感じたのは、二つの謙譲語についてだった。

【謙譲語Ⅰ】 特定の相手に対し、自分の行為をへりくだって表現

・もとの動詞と違う形になるもの

（相手の場所に）行く／来る ⇓ 伺う 「お客様のご自宅に伺います」
言う ⇓ 申し上げる 「お客様に報告を申し上げます」
あげる ⇓ 差し上げる 「お客様に粗品を差し上げます」
見せる ⇓ お目にかける 「お客様に見本をお目にかけます」

・「お（ご）〇〇する」の形になるもの

届ける ⇓ お届けする 「お客様に商品をお届けします」
持つ ⇓ お持ちする 「お客様の荷物をお持ちします」
案内する ⇓ ご案内する 「お客様を応接室にご案内します」
説明する ⇓ ご説明する 「お客様に使い方をご説明します」

【謙譲語Ⅱ（丁重語）】特定の相手に何かをするのではなく、自分の行為をへりくだって表現

・自分の行動をへりくだる

（ただの場所に）行く／来る　⇓　参る　「わたくしは名古屋に参ります」

言う　⇓　申す　「わたくしは田中と申します」

いる　⇓　おる　「わたくしは自宅におります」

する　⇓　いたす　「わたくしがその仕事をいたします」

・自分に関係するもの（名詞）をへりくだる

自社　⇓　弊社・小社

自宅　⇓　拙宅

自分　⇓　わたくし・わたくしども

「どっちも自分をへりくだらせているのには変わりないんだけれど……相手がいるかいないかで変わってくるってこと?」

妻の問いに、渋谷は頭をひねりながら答えた。

「うーん、どうやらそういうことみたいだな。でも、二つに分けて考える必要などあるのかな?」

そう答えた渋谷は、自分が想像していた以上に奥深い敬語の世界にのめり込んでいった。

上司が新入社員に敬語の使い方を教えるには

翌朝、娘の参考書を会社に持っていった渋谷は、蓮沼と山下を相手に敬語の講義を始めた。蓮沼がクライアントに向かって「駅のモニュメントの前に伺います」と言った際に笑われた理由を、二人にきちんと説明したいと考えたのだった。

渋谷は、ホワイトボードに大きく、

駅のモニュメントの前　に　伺います

と書いたのち、解説を試みた。

「参考書を見ると、『伺う』は『謙譲語Ⅰ』となっている。つまり、特定の相手の場所に行くという行為をへりくだる表現だから、『伺う』を使うのは、『お客様のお宅に伺う』とか『お客様の会社に伺う』のように、特定の場所が入る場合に限られるんだな。だから、『伺う』を使うのなら、こういう文章でなければならない」

○○さんのお宅　に　伺います

「でも、たとえばただの地名である『名古屋に伺う』とは言わないだろ？　同じように、蓮沼がお客様と待ち合わせる予定のモニュメントは、ただの待ち合わせ場所であって、お客様という特定の相手とは関係がない。だから『モニュメントの前に参ります』が正しい使い方だということだ」

駅のモニュメントの前 に 参ります

渋谷の説明に対し、山下は納得顔で言った。

「確かに『名古屋に伺います』とは言いませんよね。お客様先の『名古屋支社に伺います』とは言いますけれど」

しかし、蓮沼は疑問を口にした。

「『参ります』っていう言葉も、名古屋やモニュメントに対してへりくだっているような印象を受けるんですけど……」

蓮沼の疑問を耳にした渋谷は、ハッとした。なぜ謙譲語を二つに分けるようになったのか、昨夜から考え続けていた疑問が解消し、目の前のモヤモヤがパッと晴れた気がした。

謙譲語をわざわざIとIIに分けて、IIを「丁重語」とも呼ぶようにした理由。

それは、蓮沼のように「謙譲語は相手ありきの言葉」だと考えている人に対して、**相手に関係なく使える謙譲表現もある**んだよという理解を進めるための策なのではないか？


渋谷は蓮沼に対し、参考書の該当するページを見せながら説明を始めた。

「『参る』という言葉は、特定の相手を必要としないんだよ。行き先がモニュメントであろうと駅であろうと、自分の行動をへりくだって表現するだけだからね」

さらに渋谷は、参考書の「言う」の部分を指し示しながら続けた。

「考えてみれば、『言う』の謙譲表現もそうだよな。自己紹介のときに『わたくしは渋谷と申します』と言うけれど、『わたくしは渋谷と申し上げます』とは言わない。その理由は、誰に対するわけではなく、単純に自分のことをへりくだる発言だからだ」

【謙譲語Ⅰ】

特定の相手に対し、自分の行為をへりくだって表現

（相手の場所に）行く／来る　⇓　伺う　「お客様のご自宅に伺います」

言う　⇓　申し上げる　「お客様に報告を申し上げます」

【謙譲語Ⅱ（丁重語）】

特定の相手に何かをするのではなく、自分の行為をへりくだって表現

（ただの場所に）行く／来る　⇓　参る　「わたくしは名古屋に参ります」

言う　⇓　申す　「わたくしは田中と申します」

渋谷の説明を聞いていた山下は、以前、渋谷のお客様である宮崎を怒らせてしまったときのことを思い出していた。

あのとき〝バイト敬語〟を使った僕に対して、渋谷部長はこう叱ってくれたっけ。

――みんなが使っているから真似をしていましたという言い訳は、社会人になっ

たら通用しないぞ――

――たかだか言葉ひとつから、その人の生き方や考え方までもが透けて見えてしまうんだ。だから、ちゃんとした敬語を学んで使いこなす意味がある――

正直、謙譲語Iだか II だかといったお題目はどうでもいい。けれど、お客様に対して恥ずかしくない敬語を使いたい。

自分の仕事に自信を持ち始めた山下は、その仕事をお客様に説明するための言葉にもこだわりたいという欲が出てきたことを感じていた。

娘が教えてくれた「言葉の選択は生き方そのもの」

その日の夜、渋谷はリビングでテレビを見ていた娘に参考書を返した。もちろん、しおりのように挟んだ千円札も一緒だ。

娘は参考書と千円札を確認すると、

「どうも」

と、小さな声でつぶやく。

渋谷は娘のそばでテレビに向かうと、娘の顔を見ないまま話し始めた。

「父さんは、大切なお客さんに、言葉遣いが信頼できないって怒られちゃったんだ。フランクな付き合いを好む人だから、それに合わせてラフな言葉で付き合っていたら、いつの間にか仕事の内容まで適当になっていたみたいなんだよね。**言葉が適当だと仕事まで適当になってしまう**なんて、恐ろしいよな」

「ふーん」

娘は興味のなさそうな返事をしたが、父の話を拒絶しているわけではないようだった。

渋谷は娘の反応を気にすることなく、さらに言葉を継いだ。

「それから昨日の夜、母さんに、『たまに早く帰ってきたからといって、いきなり父親面しないでくださいな。いつもは何ひとつ相談にも乗ってくださらないくせに、一方的なご批判は大変不愉快です！』って言われちゃった」

妻の声色を真似た渋谷だが、テレビのほうに目を向けている娘からは、これといった反応は返ってこない。

それでも娘の横顔からは、父の話の続きを聞きたがっている様子が伝わってきた。

何より、昨夜自分が発した、

「ウゼーよ。たまに早く帰ってきたからって、父親面してんじゃねーよ」

という言葉と同じ内容を母が言ったというのだから、関心がないはずはない。

渋谷も娘と同じようにテレビを眺めながら、独り言のように言った。

「普段はおとなしい母さんなのに、キッパリと、しかも敬語で怒られて驚いたよ。敬語は相手をおだてたり、お世辞を言うためにあるんじゃない。**毅然とした態度で相手にノーを突き付ける手段**でもあるんだ。つまり、**人を強くする道具**ってことだな」

しばらくの間、リビングにはテレビの音だけが聞こえていた。お笑い番組が流れているのに、渋谷も娘も笑うことはなかった。

やがて、娘がぽつりとつぶやいた。

「**『言葉の選択は生き方そのもの』**って、国語の先生が言ってた」

その声に驚いた渋谷は娘のほうを見たが、彼女はなおも、テレビをじっと見つめたままだ。

渋谷は「言葉の選択は生き方そのもの」というフレーズを頭の中で何度か繰り返したのち、しみじみと言った。

「いい言葉だね。何をどう言い、どう書くか。その選択がその人の生き方そのものを表しているということだな」

親を困らせるような態度で、あえて悪い言葉を使ってばかりの娘だが、反抗期の今は、その言葉を選択することでしか訴えることができない人生のもどかしさを主張しているのかもしれない。

いずれローティーンと呼ばれる時期は過ぎ去り、彼女も落ち着きを見せるのだろう。その日は案外、近いように思える。

参考書越しに持つことができた娘との小さな交流が、渋谷にはとても嬉しかった。

Column

美化語について補足したい豆知識

「敬語って、とりあえず『お』とか『ご』をつけておけばいいんでしょ？」と言われることがあります。

確かに敬語表現には「お」「ご」がたくさん出てきます。しかし「つければ敬語になる」という浅い考えでは、敬語を使いこなすことはできません。

ある研修で、ひとりの受講生からこんな質問を受けました。

「『お電話いたします』とか『ご連絡差し上げます』と言ったり書いたりしますが、これって正しいんですか？　電話も連絡も、しているのは自分自身なのに、『お』や『ご』をつけていいんでしょうか？」

こういうちょっとしたところでつまずき、悩んでしまう人は少なくありません。

「お電話」「ご連絡」のように、名詞につけて上品な印象を与える「お」「ご」は、丁寧語の一種で「美化語」と呼ばれます。敬語の五分類の中のひとつです。
これは、相手と自分との人間関係にかかわらず用いられます。

たとえば、お茶。「わたしはお茶を飲みます。あなたはお茶を飲みますか?」と、自分にも相手にもつけておかしくありません。これを「わたしは茶を」「あなたはお茶を」と使い分けなければおかしい、という人はいないでしょう。

「お電話」「ご連絡」もそのようなものです。「電話」「連絡」と言ってもいいですが、それではぞんざいな印象になるため、上品にするために「お」「ご」をつけています。ですから「わたくしからお電話でご連絡をします」と言っても間違いではありません。

こうした「美化語」は「水」「花」「料理」のような一般的な名詞、または「返事」「話」など、自分と相手の両方に関わるものに用います。

「お」「ご」は、このほかに、動詞に付いて「わたくしがお待ちします」と謙譲語になったり、「お客様がお待ちになっています」と尊敬語になったりします。

このような文法上の違いをしっかり押さえておくことが大切で、「『お』『ご』をつければなんでも敬語になる」と思い込んでいては、自信をもって使えません。

渋谷部長のように、たまには学生時代の参考書を見直して、基本知識を確認しておきたいものです。

【上級編】

会社の中でも外でも〝敬語〟と〝ため口〟を使い分け自在に操る

Round 9

新人・山下 VS 取引先・宮崎

用件を伝える前の「クッション言葉」を状況に応じて使い分ける

言葉遣いが拙《つたな》くて怒らせた相手を再度訪ねる

夏から秋への季節の変化は、人の流れの速さにも表れるようだ。九月になって学校の新学期が始まると、昼間の街の人口が減ったような印象を受ける。映画館の前を通っても、ショッピングセンターの前を通っても、にぎやかな子供たちの姿は少ない。

一方で、ビジネス用の服をまとった父親や母親らしき世代の大人は、夏の遅れを取り戻そうとでもしているかのように速い足取りで通り過ぎていく。そんな街並みを、山下は硬い表情のまま、重たい足取りで歩いていた。向かう先は、入社したての頃に〝バイト敬語〟で怒らせてしまった宮崎の家だ。

山下は渋谷部長のアシスタントとして、宮崎とのメールや電話のやり取りを担当していた。さすがにもう言葉遣いに関する注意を受けることはなくなったが、まだ彼の懐《ふところ》に入り切れていないような物足りなさを感じていた。

とはいえ、宮崎は渋谷の顧客であり、自分は渋谷の部下にすぎない。日頃は自分のクライアントの対応に忙しく、渋谷の手伝いをすることも少なくなってきた最近は、宮崎のことも忘れかけていた。ところが今朝、物件の仕入れ部門のレポートに目を通していた山下は、宮崎にぜひ紹介したい物件を見つけた。それは、以前山下が紹介したウッドヒルズ川崎にほど近い場所にあるアパート一棟だった。

そういえば、宮崎さんはウッドヒルズの件は見送られたんだっけ……。

ウッドヒルズの部屋の内覧をしてもらった六月、宮崎はちょうど一棟経営にも興味を持ち始めたところだった。そのため、熟考に熟考を重ねた結果、購入を見送ったという経緯がある。それ以来、渋谷も山下も一棟ものの物件が出るたびに注意を払っているが、なかなか宮崎のお眼鏡にかないそうなものは出てこなかった。そんなことからしばらく疎遠になってしまってはいたが、山下はどうしても、今朝のレポートにあったこの物件を宮崎に紹介したいと思ったのだった。

「こちらの物件ですが、宮崎さんが探されていた条件にぴったりだと思うんです。部長、ぜひ提案されてはいかがでしょうか？」

恐る恐る渋谷に進言をした山下は、仕入れ部門から来たプリントを見せた。ちらりとプリントに目をやるなり、渋谷は言った。

「お前が直接、宮崎さんに提案してみたらどうだ？」

「え？　僕ですか？　部長じゃなくて？」

「そうだ。宮崎さん、喜ぶと思うぞ。お前が言う通り、これは宮崎さんの条件にあう物件だからな」

渋谷はそう言うと、ニッと笑うなり席を立ち、どこかに出かけてしまった。そんなわけで、宮崎への提案は山下がする羽目になったのだった。

山下は、あらかじめ一棟ものの投資物件が出たことをメールしたのち、電話で宮崎の予定を確かめた。すると、今日の午後なら空いているということだった。

「昼頃にランドロットの営業が来る予定なんです。午後でしたら、いつでもどうぞ」

宮崎は、新しいことにチャレンジする際には十分に下調べや勉強の時間を取る人だった。そのため、グレードアップライフの渋谷はもちろん、他社の営業担当とも親しくしながら、一棟買い投資を慎重に検討しているということは聞いていた。宮崎の話しぶりから察するに、ランドロット社の提案がいい感じで進んでいるようだ。出鼻をくじかれた山下はがっかりしたが、それでも宮崎のためにできる限りの資料をそろえると、宮崎の自宅へと向かったのだった。

上っ面だけの謝罪と言い訳ばかりでは相手を怒らせるだけ

その日、宮崎はイライラを募らせていた。ランドロットの営業は、訪問するといった予定時刻の十五分前に電話をしてきた。

「大変申し訳ございませんっ！」

そう切り出した彼は、訪問できなくなった**言い訳ばかり述べている**。資料のでき上がりが遅れていて、待っていたらこんな時間になってしまったとのことだ。

「で、資料はどうしたんだ?」

「まだわたくしの手元に来ておりませんで……。申し訳ございません」

「詳しい資料がなくても、だいたいの説明はできるのではないかね?」

「本当に申し訳ございません。お詫びのしようがありません」

「それで、結局いつ説明しに来てくれるのかね?」

「大変申し訳ございません。なるべく早く、上司と伺いたく思っておりますが……本当にすみません」

なるべく穏やかな口調で問いただしてみたが、相手は委縮してしまっているのか、謝罪の言葉ばかりで何も前進しない。こうしたやり取りを何度か重ねたのち、しびれを切らした宮崎は、とうとう大きな声を出してしまった。

「もういい! 約束を守れない、言い訳が過ぎる、**上っ面な謝罪**ばかり。そんな人間に、額の大きな買い物を託すことなどできやしません。わたしは今回の物件の話を楽しみにしていたのだが、もうよろしい。この話はなかったことにしてください」

「いえ、あの……申し訳ございませんっ！」

相手の謝罪の声が電話の向こうから聞こえた気がしたが、そのまま電話を切るやいなや、倒れ込むように応接間のソファーに座った。

その様子を気にしていた妻は、

「あなた、これ以上血圧が上がったら大変ですよ。もう、不動産投資なんかお止めになったらよろしいのに」

と語りかけながらお茶を運んできた。

「そうだよな。もういい年なんだし、新たに買い足す必要もないよな」

弱気な調子でつぶやいた宮崎は、ぐっと年寄りじみて見えた。

言葉遣いが成長すると、人として成長した姿に映る

山下が宮崎の家に到着したのは、そんな最悪の折だった。玄関先で出迎えてくれ

た宮崎の妻は、また不動産屋かといった表情を浮かべる。嫌な予感とともに応接間に入ると、明らかに不機嫌そうな宮崎が、どっかりとソファーに座っている。

「大変ご無沙汰しております。このたびは急な話にもかかわらずお時間を取ってくださり、ありがとうございます」

緊張でガチガチになりながら挨拶をした山下をちらりと見やった宮崎は、

「やあ、山下さん、六月のウッドヒルズ川崎のときには世話になりましたね。あの物件は見送ることになってしまって、申し訳なかったね」

と、まだ不機嫌さを引きずったまま言った。

「いえ、とんでもないです。あの時にアパートの一棟経営にご興味をお持ちと伺って以来、おすすめするに足る物件を探していたのですが、ご連絡が遅くなってしまい、大変失礼いたしました」

慌てて答えた山下の言葉に、宮崎は耳を疑った。ただ謝罪の言葉ばかりを口にしていたランドロットの営業と違い、山下は何についての謝罪かを明確にしている。数か月前まで訳の分からない言葉遣いをしていた山下とは別人のようだ。

しかし、宮崎の口から出てきたのは意地悪な言葉だった。

「まあ、一棟経営に興味があったのは確かなんだが、たった今、妻に『もう不動産投資なんかお止めなさい』と言われたばかりでね」

そう話すと、山下のお茶を運んできた妻に向かってニヤリと笑う。困ったような視線を返す妻を見つめながら、山下は内心がっかりしていた。とはいえ、せっかく準備してきた物件について、説明せずに帰るわけにはいかない。

山下は一度姿勢を正すと、細心の注意を払いながら言葉を発した。

「さようでございますか。それは大変残念ですが、**もしもお時間がございましたら、**今朝出たばかりの物件について説明させていただけませんでしょうか。ウッドヒルズ川崎から徒歩で十分ほどのところにあるアパートです。まだ整った資料ができておらず、仕入れ部門から来た手書きのプリントだけではございますが、とりいそぎお納めください」

山下から手渡されたプリントを、宮崎は興味深そうに眺める。

しばらく時間を取ったのち、山下は静かに尋ねた。

「**差し支えなければ**、今朝わたくしが調べた範囲ではございますが、物件の特徴や周辺の環境などについてご説明申し上げたいのですが、よろしいでしょうか？」

ふと顔を上げた宮崎は、山下を見ながら思い出していた。

数か月前、コイツは電話で「よろしかったでしょうか？」と言っていたっけ。わたしの大嫌いな〝バイト敬語〟を連発していたはずなのに、成長したものだな。

しばらく二人で見つめ合うような格好になってしまったことに気付いた宮崎は、あわてて視線をそらしながら言った。

「これはなかなか良さそうな物件だね。君から詳しく聞かせていただきたい。ぜひお願いします」

あの宮崎さんが、わざわざ「君から」と言ってくれた！　山下は一瞬にして満面の笑みを浮かべると、大きな声で言った。

「承知いたしました。よろしくお願いいたします！」

客先にしては大きすぎる声に、宮崎は失笑をこらえることができなかった。

形だけの敬語ではなく、心から発する言葉だから相手に響く

山下の説明に対し、たびたび投げかけてくる宮崎の質問は鋭いものだった。質問が飛んでくるたび、山下は嫌な汗をかきながらも一生懸命説明を重ねたが、いくつか宿題として持ち帰らざるを得ない内容もあった。

小一時間の面談ののち、山下は背中を丸くしながら言った。

「**恐縮ですが**、いただいたご質問に関しましては、社に戻り次第、調べてお答えいたします。**お待たせして申し訳ございませんが**、よろしくお願いいたします」

今日、宮崎に説明をしたのが部長の渋谷だったら、こんなことにはならなかったはずだ。購入するにしろ見送るにしろ、検討に値する十分な情報を差し上げることができたはずなのに……。やはり自分には荷が重すぎたと思いながら、山下は悔しさを噛みしめていた。

ところが、宮崎の表情は優しかった。

「山下さん、君は入社当時とんでもない言葉遣いをしていたのに、今ではすっかり大人な話し方ができるようになったね。それに加えて、入社当時の一生懸命さを忘れずにやっていることが大変素晴らしいと思いますよ。まあ、今でもたまに、不思議な敬語を使ったメールが飛んでくることもあるがね」

思わず赤面した山下に向かって、宮崎は言葉を継いだ。

「これからも、新人の頃の素直な気持ちを忘れずに頑張っていってください。わたしも応援していますよ。こちらこそ、これからもよろしく」

宮崎の言葉は、じんわりと山下の心に染みた。

客のためにできることは何でもやりたいという自分の初心が、宮崎に伝わったことがしみじみと嬉しかった。

「ありがとうございます」

そう言って頭を下げた山下の声は、いつもの大声とは少し違っていた。「ありがとうございます」という言葉をこれほど丁寧に、大切に発声したことは、山下の人生において他になかった。

Column

たくさんあるクッション言葉の意味と活用

宮崎さんの機嫌を損ねてしまったランドロット社の営業担当者は、「すみません」や「申し訳ございません」を繰り返すばかりでした。一方、山下くんは、「もしお時間がございましたら」や「差し支えなければ」などのフレーズを上手に使って、自分の意思を伝えています。用件の前に置くこうしたフレーズを、クッション言葉ともいいます。

ビジネス会話では、お詫びだけでなくクッション言葉としても「すみませんが」「申し訳ございませんが」をよく使います。「すみませんが、こちらにご記入お願いします」「申し訳ございませんが、もう少々お待ちください」など、いろいろな場面で使える便利な表現です。しかし、こればかりのワンパターン会話では、心のこもったコミュニケーションにはなりません。

考えてみてください。「申し訳ございませんが、もう少々お待ちください」と謝罪の形で言われたら「迷惑をかけられた」と感じそうですが、「お忙しいところ恐れ入りますが、もう少々～」であれば「尊重された」と受け止められます。こうした小さな違いで人の心は左右され、それがビジネスにも影響を与えます。

また、不必要にお詫びの言葉を連発すると「いつもペコペコしている人」と思われてしまいます。仕事上必要な依頼であれば、悪いことをしているわけではないのですから、「お願いします」と言えばいいのです。「面倒をかけて申し訳ない」という気持ちは、「お手数ですが」や「ご面倒ですが」に込めれば十分伝わります。「謝るのは、落ち度があったときだけ。それ以外で謝罪の言葉は安易に使わない」

こうした強い姿勢と幅広い表現力をもったビジネスパーソンこそが、顧客の信頼を得られるのです。

状況に合わせて、さまざまなクッション言葉を使い分けられるようにしましょう。

【クッション言葉の例】

依頼するときに

「恐れ入りますが、書類の提出をお願いいたします」

「お手数ですが、アンケートにご記入ください」
「ご足労ですが、弊社までお越しください」
「ご迷惑でしょうが、延期していただけませんか」
「もしよろしければ、携帯番号も教えてください」

不都合なことを述べるときに

「残念ですが、その日は先約がございます」
「あいにくですが、その商品のお取り扱いはございません」
「申し上げにくいのですが、値上げせざるを得ない状況です」

質問するときに

「失礼ですが、生年月日をお伺いしてよろしいですか」
「立ち入ったことを伺いますが、お子様はいらっしゃらないのですか」
「お差支えなければ、どのようなお悩みか教えていただけますか」

これ以外にもたくさんの表現があります。探してみてください。

Round 10　先輩・江田 VS セクハラ社長

「敬語自衛力」でハラスメントを撃退し自らの意思を伝える

顧客を不快にさせまいとやんわりと対応するも……

ついこの間まで残暑に悩まされていたのに、街はハロウィンの装飾であふれている。雑貨店や書店では来年の手帳のコーナーがオープンし、いよいよ年末が近づいていることを否が応でも感じさせられる。

そんな気ぜわしい仲秋の頃、江田が商談先から、真っ青な顔をして帰ってきた。

「お帰りなさい」

いつものように出迎えた蓮沼は、江田の顔を見るなり「大丈夫ですか？」と声をかける。その緊迫感ある口調に、周囲の皆も一斉に視線を向けた。

こわばった江田の表情に気付いた渋谷も、すぐに話しかけてきた。

「どうした？　なにかあったか？」

江田はふらふらと渋谷の席の前にやってくるなり、吐き出すように言った。

「わたし、もう、どうしたらいいか分かりません。渋谷部長、担当を代えてくださ
い！」

常に落ち着いていて冷静な江田が、なぜか激しく取り乱している。

これは丁寧に話を聞く必要があると考えた渋谷は、ミーティングルームの空きを確認すると、場所を移して江田を座らせた。


江田は、渋谷が運んできたお茶を一口飲むと、

「すみません。もう大丈夫です」

と言うなり、小さく頭を下げた。

「何があったんだ？」

江田は優しく問う渋谷の言葉に導かれたかのように、ひとつ大きく深呼吸をして

気持ちを落ち着かせた。そして、**商談先の社長にセクハラやパワハラまがいの言葉を浴びせられた**ことを、平板な口調で告白した。

「いつもあの社長は、胸が大きいとかお尻が大きいとか、カラダのことばかり言ってくるんです。本当にイヤだったんですけれど、まあ、おじいちゃんですし、行きすぎた冗談だと思って、笑ってごまかしていました」

ところが今日、いよいよ商談がまとまるという段階になったとき、その社長が江田に向かって言ったという。

「もうちょっと値引きをするとか、サービスをつけるとかできないのかね？」

こういったことを要求してくる人は、決して珍しくはない。商談成立に向かって焦る営業に対し、最後のひと押しをすることでより良い条件を引き出すことができるのではないかと考える気持ちも、分からないではない。

ただし、その要求がのめるか否かは、決算の時期や、物件自体の人気の度合いなど、さまざまな要素が関係してくる。今回の物件はそこそこ人気のあるエリアのもので、何が何でもその社長に買ってもらわなければならない理由はなかった。

そこで江田は、社長に対して言った。

「申し訳ございませんが、これ以上はちょっと……」

相手に不快な思いをさせぬよう、やんわりと断ったつもりだった。

そんな押し問答が数回続いたのち、その社長はこう言い返してきた。

「まったく女は、融通が利かないな。どうせ男に媚を売って営業しているくせに、肝心なところで使えない」

内心、江田は怒りに震えていた。

なんでこの社長は、ここまで失礼な発言をしてくるのだろう？　担当の営業が女のわたしであることが、それほど気に入らないとでもいうのだろうか？

しかし江田は、**怒りを笑顔で無理やり包み込み、時間を稼ぐ**目的で言った。

「一度社に持ち帰って検討させていただければ……。本日のところは、これで失礼いたします」

そして、引き留められないうちに帰ろうと立ち上がったところ、社長はさらにこう言ってきた。

「まあ、社としてサービスができないということなら、江田ちゃんのサービスがあればそれでよしとしてもいいよ。今度ゆっくりと飲みにでも行こうや」

そう言うやいなや、江田のお尻をサッと触ったのだった。

真っ青だった江田の顔は、渋谷に詳細を話すにつれて徐々に赤くなっていった。自分の身に起こった嫌な出来事を上司に説明すること自体が、とても悲しく、恥ずかしいことのように感じたからだ。

最後まで話し終わった江田の顔は、怒りや悲しさ、恥ずかしさがないまぜになり、真っ赤に染まっていた。嫌な出来事を他人に説明することにより、嫌な気持ちにさらに拍車がかかるのだということを、江田は身をもって感じていた。

知らず知らずのうちにつけこまれやすい応対になることも

話を聞いていた渋谷の心も痛かった。大事な部下からセクハラの報告を聞きだすこと自体が、彼女を二度傷つけることになる。顔を真っ赤にしながらぽつりぽつりと答える江田に向かって、「もういい」と何度声をかけたくなったことだろう。

一方で渋谷は、彼女が**知らず知らずのうちにつけこまれやすい応対**をしてしまっているということに気付いた。

江田の長所は、女性ならではの物腰の柔らかさや親しみやすさ、そして、笑顔だ。しかし、嫌なことを言われたときも怒りを笑顔で包み、相手を不快にさせないように気を遣うあまり、**キッパリとノーを告げていない**。

確か、一方的なクレーム電話がかかってきたときもそうだった。あのときの江田も相手を怒らせてはいけないと考え、言いがかりに対して拒否の言葉を発することなく、ズルズルと会話を続けていたではないか。

渋谷は、以前妻に突き付けられた言葉を思い出していた。

——いつもは何ひとつ相談にも乗ってくださらないくせに、一方的なご批判は大変不愉快です！——

妻はたいがい、渋谷に何か気分を害するようなことを言われても、無言で受け流

すだけだった。するとこちらは、

「お前は何を考えているんだ？　イエスなのかノーなのか、どっちなんだ？」

と、**さらに言いがかりをつけたくなってくる**。

しかしこの前のように、丁寧な言葉遣いでキッパリと拒絶されてしまうと、ぐうの音も出ない。

渋谷は、思った。

江田の後を引き取って、俺やほかの男性営業がセクハラ社長の担当を代わることも可能だ。けれど、それで江田の気持ちが収まるはずはない。むしろこの後も、何も言えなかった後悔や、なめた態度を取られてしまった自分に対する嫌悪の念に苦しむことだろう。

それだったら、江田**本人にガツンと拒否の言葉を言わせ、相手の口を封じてやったほうがいい**のではないか？

もしも江田が嫌でなければの話だが……。

自分の意思を明確に伝え、自分を守るための敬語

渋谷は、江田をまっすぐに見つめながら言った。

「話しづらいことを話してくれてありがとう」

するとと江田は、あわてた様子で答えた。

「いえ、とんでもないです。なんか、変なことをお耳に入れてしまってすみません」

そして渋谷に向かって小さく笑顔を見せると、もう大丈夫とでも言いたげな雰囲気でグイッと頭を上げ、前を見つめた。

これだ……。この行動が、悪い相手を増長させてしまうんだ。

江田が笑ったのは、話したことで自分の気持ちがスッキリしたからではあるまい。現に江田の顔は、真っ赤に染まったままだ。

江田は上司の俺に心配をかけまいと、あえて笑顔を作ったに違いない。本当は大丈夫なわけはないのに。

そう考えた渋谷は、ひとつ小さく咳ばらいをすると言った。

「江田さん、セクハラやパワハラは犯罪行為だ。犯罪行為に対しては、毅然とした態度でノーを言っていい……というか、言わなければならない。あくまでも相手はお客様だという立場をわきまえつつも、『**そのようなご発言は、社長のお言葉とは思えません**』、あるいはもっとはっきりと、『**そのようなことをおっしゃるとは、大変不愉快です**』とかね。君が笑顔の下で泣いていることなど、セクハラをするような人間は想像もできないのだから」

そして渋谷は、妻に「いつもは何ひとつ相談にも乗ってくださらないくせに、一方的なご批判は大変不愉快です！」と言われ、何も言い返せなくなったエピソードを話して聞かせた。

目を丸くして聞いていた江田は、おそるおそる尋ねた。

「でも、お客様に対してはっきりと拒絶の意思をお伝えするのはちょっと……。怒らせてしまうのではないでしょうか？」

「不当なセクハラに対して拒絶の意思を表した結果、お客様が逆切れしたり、契約を失ったりしたというのなら、わたしはまったく気にしない。むしろ、自分の尊厳を自分の発言で守った江田さんのことを誇りに思うよ」

渋谷の返事を耳にした江田は、以前クレーム電話がかかってきたときに言われた言葉を思い出していた。

――大切な自分を防御するために、敬語を使いこなすんだ――

部長はたしか、そう言っていたはずだ。

江田は、小さな声でつぶやいた。

「考えてみたら、わたしはほとんど自分の意思を発言したことがないですね。セクハラやパワハラ行為に対してノーを突き付けたことがないというだけではなくて、わたしのほうからお客様に、『この物件はおすすめです』とか、『この物件は違うかもしれません』ということを主張したこともありませんでした」

客の出方をうかがい、要求にこたえていく〝待ちの営業〟。しかし、自分から積極的にはアプローチしない。

結局は、**自分がいい子でいたいと思うがゆえに、あえて面倒なことから逃げてい**

ただけではなかったか？　**その姿勢が透けて見えるから、嫌な相手につけこまれ、なめられてしまう**のではないか？

江田自身、これが自分の営業スタイルだと信じていたが、内心では物足りなさも感じていた。事を荒立てないように、問題にならないようにという〝事なかれ主義〟で上手くやってきたけれど、もう少し相手の内面に踏み込みたいという欲求もわき起こっていたのだ。

そんなことを考え始めた江田に向かって、渋谷がぽつりと言った。

「江田さんと蓮沼は、似ているな」

「え？　蓮沼くんですか？　山下くんじゃなくて？」

それは心外だ、とでも言いたげな表情になった江田を面白そうに見つめた渋谷は、発言の真意を説明し始める。

「二人とも、客よりも自分の立場を守ることに必死なんだよ。だから蓮沼は、相手を褒めておだてて物件を買わせて、あとは客と距離を置こうとする。江田さんは相手を褒めたりおだてたりはしないけれど、客の要求に淡々とこたえることで買わせようとする。結局、営業としての自分の意思や信念を客にぶつけずに終わるところがそっくりだ」

渋谷の言葉に、江田は何も言い返すことができなかった。

大切な自分を守るためにははっきりとノーを告げられるようになりたい。それと同時に、**極度の〝事なかれ主義〟ともおさらばしたい**。

そのためにはどうしたらよいか、江田は真剣に考え始めていた。

いつもの曖昧な受け答えとは違う姿に相手はたじろぐ

翌日、準備に準備を重ねた江田は、蓮沼を連れて例のセクハラ社長のところに出向くことにした。直前まで渋谷を相手にロールプレイングを重ねたとはいえ、江田のギュッと結んだ唇は色を失っている。

「大丈夫ですか？」

先方の会社の応接室で腰を掛けた蓮沼は、江田に小さく声をかけた。それと同時に、例のセクハラ社長が室内に入ってきた。

社長は二人を見るなり、

「江田ちゃんの彼氏か？　若い男を連れて仕事とは、いいご身分だな」

と嫌味を言う。どうやら、江田が一人で来なかったことが気に入らないらしい。

江田は、体中の勇気を振り絞って声を上げた。

「**わたくしのことを仕事とプライベートを混同するような人間だと思われているのでしたら、大変不愉快で、残念です**。こちらの蓮沼は弊社の期待の新人ですので、社長のお役に立つと思って同行させました。どうぞ、今後ともよろしくお願いいたします」

……言えた。笑ってごまかしてしまうことなく、最初から最後まで、はっきりと言うことができた。

江田は心の中でガッツポーズを取るなり、重ねて書類を見せながら言った。

「本日は、改めまして、リブラ中央に関するお見積書をお持ちしました」

「うん？　契約書ではないのか？」

「はい。昨日社長は、契約額について、さらなるサービスをとおっしゃいました。そのことにつきまして十分に考えたうえで、再度のご提案をさせていただきます。今回のお見積もりは、ご覧のとおり、昨日までのお見積もりよりも若干高額になっております」

　渋い顔で見積書を眺める社長に向かって、江田は説明を続ける。

「そもそも、この物件は社長に自信を持っておすすめできるだろうか？　わたくしは、その原点に立ち返って考えてみました。こちらの物件は人気のエリアにありますし、確かに利回りも良いかと存じます。ですが、社長の投資のモットーは、物件を長く持ち続けるということですよね？」

「それはそうだが……」

　いつもの調子とは違う江田の話しぶりに、社長は不審な顔つきをしている。

「こちらの物件があるエリアは、不動産価格の上がり下がりが激しいことが特徴です。ですからわたくしといたしましては、売却を前提に物件を購入されるお客様におすすめしたいところなのです。また、物件自体はそれほど古くはありませんが、設備に少々難があります。そのため、物件を長く可愛がってくださる社長にご購入の検討をお願いするならば、ぜひ弊社の関連会社でフルリフォームをさせていただきたいと考えました。その価格をすべて含んだお見積もりが、こちらです。もちろん、他社でリフォームを依頼される場合に比べ、大幅なお値引きをさせていただいております」

「ふむ」

社長は一言発するなり、何も言い返さないまま黙ってしまった。

頃合いを見計らって、江田は言った。

「昨日までとは違うお見積もりをお持ちしたため、混乱されていることと存じます。どうぞごゆっくりお考えください。何かございましたら、わたくしでも、こちらの蓮沼でも結構です。ご連絡をいただければ、すぐに対応いたします」

そしてゆっくりと席を立って丁寧に退席の挨拶をしたのち、静かに応接室を出ていった。

意思や意図を明確に伝えることは提案セールスに不可欠

会社を出て駅前のカフェに入るまで、江田は一言も発しなかった。席に座るなり深く息を吐いた江田は、ゆっくりと握っていた手を開いた。手のひらには、握りしめていたときについたのであろう爪痕がくっきりと残っていた。

そんな江田の姿を見た蓮沼は、何も話しかけることができなかった。

身体をこわばらせてしまうほど緊張していたのに、あの場で改めて見積書を、それも、以前よりも高額な見積書を提出するなんて。俺だったら、絶対にそんな面倒なことはしないけどな。

江田は飲み物を注文すると、蓮沼に向かってというよりは、自分自身に言い聞かせるように話し始めた。

「とにかく、言いたいことをはっきりと全部伝えられて良かった。セクハラに対する抗議だけじゃなくて、あの人にとってこの物件はおすすめできるのかできないのか、おすすめするとしたら、どういうオプションが必要だと考えているのか、その理由もあわせて伝えることができたからね」

そして、さらに小さく息を吐くと、言葉を継いだ。

「**わたし、これまではなるべく波風を立てないように、相手が欲したら提案し、そうでなければ無理におすすめすることもなかった。でも、嫌なことは嫌だけじゃなくて、いいと思ったことや、あなたには合いませんといったことも、全部言葉を尽くして表現しないと伝わらないよね**」

そんな江田に対し、蓮沼は不思議そうに尋ねた。

「江田先輩は、いつも購入後に相手がどう運用するかまで考えて提案しているんですか?」

蓮沼は、相手の懐事情を考えて買えそうな物件を紹介することだけを考え、相手がそれをどう運用するかは関係ないと思っていた。

そもそも投資は、自己責任だ。だから、適当に相手の喜びそうなお世辞を言って、気持ちよくさせて物件を売ったら、そのあとは知ったことではない。

蓮沼の問いに、江田はにっこりとしながら答えた。

「当たり前じゃない！　でもわたしは、『あなたのことをここまで考えています』というそぶりを見せたら恩着せがましく感じる人もいるだろうと思って、あえて伝えていなかったの。嫌われないように、目立ちすぎないようにと思ってね。でも、やめた！　**控えめな態度をなめられたうえにセクハラされたら、わたし、大損じゃない？**　これからは自分の気持ちを大切にして、**言うべきことはちゃんと言う**んだ」

蓮沼には、江田の気持ちが分からなかった。

江田は、セクハラに対してノーを突き付けただけではなく、あえて客に高めの見積もりを出し、暗に「あなたの投資スタイルには合わない物件です」ということを言ってのけた。

でも、仕事においてそこまで正直になる必要があるのだろうか？　正直になったところで、自分に何の得が返ってくるというのだろう？

蓮沼には、単なるきれいごと、あるいは自己満足としか感じられなかった。

Column

語尾濁しは相手につけこまれる

以前クレーム電話につかまったときも、今回のセクハラ事件のときも、江田さんは嫌だという意思をはっきりと告げることができません。なんとなく語尾を濁し、断言することを避け、うやむやな態度を取り続けています。

こういった話し方は、丁寧でソフトな印象を与えるようにも思えます。例えば「分かりません」と言えばきついですが、「分からないんですが……」なら、相手も「それなら仕方がないな」と優しく受け止めてくれるような感じがします。

しかし、このように語尾をはっきりさせないでいると、だんだん自分の立場が弱くなっていきます。なぜなら、語尾は自分の意思を示す部分で、ここをぼかすということは、自分の意思を隠し、相手に任せてしまうことになるからです。

「～ですが……」は、「わたしは困っているんです。それを察してください。あなたがなんとかしてください」と無言で伝えているようなものです。すると、相手に

「だったら他の担当者を呼べ」「だったらこちらの言う通りにしろ」と言われて、話の主導権を取られてしまいます。そんな受け身のコミュニケーションしかできなければ、ビジネスパーソンとしての活躍も難しいでしょう。

自己主張は、「わたしは〜です」「わたしは〜します」と、語尾をはっきり、きっぱり言い終えるところから始まります。さらにそれを「〜でございます」「〜いたします」と敬語にできれば、相手から軽く見られることはありません。

分からないことがあるときには、「分かりませんので調べます」とか「分かる者に代わります」と言い切って、自分の意思で対処しましょう。さらに「分かりかねます」という表現も覚えておけば、難しいシーンでも対処できます。

どんなに敬語が上手く使えても、語尾を濁す話し方をしていては、相手に敬意を伝えることも、自分の力を発揮することもできません。

敬語のマスターも、社会人としての活躍も、語尾を大切にするところから始まるのです。

Round 11

新人・蓮沼 VS うるさい取引先

しつこい値引き要求には「敬語交渉力」で対応する

顧客の性格や考え方まで踏み込み提案していく

今日も江田は、ニコニコと楽しそうに顧客の電話に出ている。

「いやあ、でも、それはちょっとおすすめできませんねぇ」

若干崩した口調ながら本音を口にしている江田は、一か月前、セクハラ社長の前でガチガチに緊張していた表情とはまるで違っていた。もっと言うなら、それ以前の、そつのない敬語を使いながらもどこか自信なさげな様子だった頃とはまったく違い、生き生きとした生命力さえも感じられた。

そんな江田を目の前にしながら、蓮沼はじっと考えていた。

結局江田は、あのセクハラ社長の契約を取ることができなかった。江田の再度のプレゼンテーションを聞いた社長は、買う気満々だったあの物件は自分の投資スタイルには向かない物件だと考え直し、断ってきたという。

ただし社長の口調は、以前と違っていた。

「江田さん、**今回の物件は見送らせていただきますが、いろいろとアドバイスをくれてありがとう。またよろしくお願いします**」

あのセクハラ社長がそんな口をきいてきたと、江田は面白そうに話していた。契約を取り損ねたというのに、江田の表情は明るかった。

俺だったら、以前の条件そのままで契約を結ばせ、そのあとは担当を代わってもらって二度と関わらないようにするだろう。そのほうが自分の成績にもなるし、よっぽど大人な対応なのではないだろうか？

一方で、蓮沼はこうも考えた。

顧客の資産状況だけでなく、性格や考え方、運用の仕方までも考慮しながらベス

トな物件を提案することができたら、それはそれで楽しそうだな。

蓮沼は、事あるごとに山下が言う「お客様の身になって」という言葉が大嫌いだった。商売は、そんなきれいごとではない。食うか食われるかが前提で、客といえど自衛する必要がある。

でも……。にこやかな江田の表情を見ていた蓮沼は、何が正解なのかが分からなくなってきた。

自分や身近な人の体験が、今の仕事につながる

ある日蓮沼は、取引先との待ち合わせ場所に行くために、十年ほど前に開通した駅で降りた。このあたりはバブル前にも地下鉄の話が持ち上がったが、バブルの終焉とともに計画自体が白紙になり、地価が暴落したという場所だ。その後再び計画が持ち上がってからは、比較的順調に開通に至ったという話を聞いている。

今でこそマンションが建ち並び、小さな子供を連れた若い夫婦の姿もよく目にする。しかし、まだまだ空地も多く、少し離れれば緑豊かな丘陵地が広がっている。その一部、蓮沼自身も詳しくは知らないどこかに、祖母が持っていたという土地があるはずだ。

おばあちゃん子だった蓮沼は、祖父が亡くなり、彼が遺した不動産の家賃収入などのおかげで祖母と父が生活に困らずに済んだという話を何度も何度も聞かされて育ってきた。

ただし、その話にはオチが付いていた。

祖母はバブルの時期に騙され、どうしようもない土地を買わされたのだと。その土地がバブル崩壊後に二束三文になってしまい、ローンの返済のため、祖父から受け継いだいくつかの大切な不動産も手放すことになってしまったのだと。

冷静に話を整理すれば、祖母が不動産投資を正しく理解しないまま、欲をかいて知らない土地に手を出したら損をしてしまったという話にすぎないのだが。

幸い蓮沼の父はすでに大学を卒業し、就職をしていたため、祖母の失敗のために家族の生活が行き詰まったとか、学費が払えなくなったなどの問題は起こらなかったらしい。しかしこの一件以来、祖母は人を信頼できなくなり、偏屈な性格へと変わってしまったという。

祖母の恨み節は、なぜか聞くたびに損失額が大きくなっていった。

そんな祖母への反発からなのか、はたまた、そんな祖母のような人を出したくないという正義感からなのか、蓮沼はいつしか、自分も不動産のことを知りたいと考えるようになった。

駄々をこねて値引きに固執する顧客はたくさんいる

就職先として不動産投資の会社を選んだ蓮沼は、客のほとんどが自分の祖母のように他人任せで、たいして不動産や投資について詳しくはないということを知った。

本当によく勉強している人は、質問も具体的で、決断も早い。営業担当者の使い方も上手で、蓮沼がお世辞を言う間もなくものごとが進んでいく。

それなのに、勉強をしようとしない客に限って、営業は自分を騙す人間だと警戒してくる。そして、駄々をこねればこねるほど、安くなったりサービスが上乗せされたりするはずだと信じている。

そんな客を見るたび、蓮沼は、恨みの中で生き続けている祖母を見ているようで悲しくなってきた。

今日現地で待ち合わせている客も、大して勉強をしていない部類の人間だった。

そもそもこのあたりは、地下鉄が通ったとはいえ、決して交通の便が良いとはいえない場所だ。投資物件の流動性という意味においては、あまり期待が持てるエリアではない。

それなのに、その客はなぜかこの物件にこだわり、もう少し都市部に近いエリアの物件をすすめても「高すぎる」の一点張りで、聞く耳を持たなかった。

きっとこの物件も、なんだかんだと難癖をつけては、もっと安くしろと言ってくるに違いない。そんなときにどう切り返すか、蓮沼はいくつかのパターンを想定し、頭の片隅に置いていた。

案の定、物件の見学を終えたその客は、喫茶店に腰を落ち着けるやいなや、蓮沼を相手に値引き交渉を始めた。

「**もう、十分にお手頃なお値段かと存じます**」

と遠回しに断った蓮沼だったが、客は蓮沼のほうに身を寄せると、小声で言った。

「そういえばこの前、隣の公園に痴漢が出たって聞いたよ。この辺がそんな物騒な場所だなんてなあ。ねえ、もう少しなんとかならないわけ？」

「大変申し訳ございませんが、**これ以上のお値引きはいたしかねます**」

確かに数日前、この辺で痴漢騒ぎがあったという話は聞いている。けれど、痴漢は住民たちによって即座に取り押さえられた。このニュースは、むしろこのあたりの住民の意識の高さを物語る証拠として取り上げられていた覚えがある。

しかし、客も譲らなかった。

「物騒な場所だってウワサが立ったら、そちらも困るでしょ？　こっちは黙っておとなしく買おうと言っているんだ。もうちょっとなんとかならないわけ？」

蓮沼がイラッとしそうなことをわざと言って、交渉を優位に進めようと思っているらしい。

蓮沼は相手の言葉遣いや態度に影響されないように注意しながら、毅然とした態度で言った。

「このあたりは治安が良く、風紀が良いことでも知られています。たまたまそのようなニュースがありましたが、その程度で価値が落ちるような場所ではありません。また、物件そのものも新しく、こちらに目をつけておられるかたは他にもいらっしゃいます。大変申し上げにくいのですが、**今回ご縁がなかったということになりますと、他のかたにご紹介せざるを得ません。わたくしとしましても、とても残念です**」

そしていかにも残念そうな表情で目を伏せると、蓮沼は手元の書類を整え始めた。

さて、相手はどう出るだろうか？

しばらく腕組みをしたまま考えていた客は、ふと思いついたように言った。

「アンタ、確か新人さんだったよね。話にならないから、上司を呼んできてよ」

「大変申し訳ございませんが、**この件につきましては、すべてわたくしに一任されております**」

蓮沼は、相手の目を見ながら、はっきりと言い切った。

蓮沼が一切折れないことを悟った相手は、ひとつ大きくうなずいた。そして、ポンと小さく腕のあたりをたたくと、

「分かった。俺の負けだ。契約を交わそう」

と申し出た。

「アンタ、若いのにやるね。その調子で頑張るといい。俺も事業をやっているけれど、アンタみたいな骨のある若者はそうそういないよ。素晴らしい！」

相手の言葉に、蓮沼は小さく頭を下げた。

とっさに気の利いた言葉が出なかったのは、誰の手伝いもなく自力で勝ち取った初めての契約に、柄にもなく感動していたからだった。

顧客との結びつきは、頼りにされるところから始まる

その後、本契約に至る今後のステップの確認を終えた蓮沼は、ぬるくなってしまったコーヒーを一口飲むと、途端に手持ち無沙汰になってしまった。

契約の内諾を取った以上、この客に対する興味は半減してしまっている。今後彼がどのような投資行動をしてどんな利益を上げるか、はたまた損失を被るかなど、自分とは関係ない。そもそも強引に値引きを迫ってくるような困った客なので、末長く付き合いたいという感情さえもわいてこなかった。

特に聞きたくもなかったのだが、間を持たせるために蓮沼は、

「**なぜこの物件に興味を持たれたのですか？**」

と尋ねてみた。

すると客は、初めて自分のことを蓮沼に語り始めた。

「俺は、このあたりの生まれなんだよ。昔はど田舎でね。ちょっと先に行くと雑木林みたいなのが残っているだろ？　あんな里山か畑しかない場所だったんだ」

蓮沼の父親よりもずっと年上だと思われる客は、一瞬遠くのほうに視線を泳がせたのち、手元のコーヒーカップを見つめながら言った。

「俺は畑仕事とかまっぴらだったから、妻の実家の町工場を継いだんだ。世の中はバブルだったけれど、俺は正直、ちっともいい思いができなかったな。その代わり、バブル後のゴタゴタとも無縁でいられた。でもさ、このあたりの農家は、知らないうちに踊らされていたんだよな」

祖母の話と似ている、と、蓮沼は思った。

おそらく、地主たちの一部は早々に農家を廃業し、不動産投資に手を出したのだろう。バブルでいい思いをした人もいれば、その後に苦労した人もいたはずだ。もしかしたら、人生を大きく狂わされた人もいたかもしれない。いずれにせよ、地主同士の横のつながりが金によって引きちぎられたであろうことは、想像に難くない。

彼の話は、蓮沼が考えた通りだった。

農家だった彼の父は、早々に引退して悠々自適の生活をしようと土地を売った。しかし、そのタイミングがバブルの崩壊と重なり、最終的に土地は思ったほどの価値にはならなかったという。

「親父の土地は、その後ずーっと手つかずだったんだよな。ゴミが不法投棄されていたり、雑草が生い茂っていたり。そのそばを通るたび、親父はいつも悔しそうだった。その後、その土地は駐車場になり、数年前にマンションが建った。それが、あのビレーラ・ヒルズなんだよね」

蓮沼は、ハッとした。だからこの客は、他の物件には一切目もくれず、ビレーラ・ヒルズにしか興味を示さなかったのだ。おそらくこの物件を手に入れることそのものが、父親の敵討ちのような気分だったのかもしれない。

すべてを悟ったといった蓮沼の表情を見て取ったその客は、ひとつふたつうなずくと、自虐的に言った。

「だからさ、俺、不動産投資とか、本当はよく知らないんだ。一生懸命勉強してみたけれど、頭が悪い俺にはよく分かんないよ。でも、痴漢が出ようが、利回りとかいうヤツが良くなかろうが、俺はここが欲しかった。で、ここで父親のように商売をしたかったんだ。まあ、畑仕事というわけにはいかないけれど、第二の人生、この物件を管理しながら、賃貸収入で暮らすということをやってみようかなと思ってさ」

正直言って、蓮沼は人が不動産に思い入れを持つ理由がよく分からなかった。ただの土地、ただの建物にすぎないのに、どうして人は、それに人生を賭けたり、狂わされたりしなければならないのだろう？

けれど蓮沼は、今、この瞬間に話を聞けて良かったと、心の底から思った。もしも内諾の前に聞かされていたら、情にほだされ、価格を下げる手立てを考えたかもしれない。あるいは逆に、情に訴えかけようとしているこの客のことを、もっと嫌いになった可能性もある。

しかしこの人は、あくまでもフェアに、こちらが問うまで身の上話をすることはなかった。

蓮沼は、目の前の相手に向かって言った。

「お話を聞かせていただいて良かったです。あの物件にこだわられた理由もよく分かりました。あの……僕には何もできませんけど……もしも今後、不動産の管理などでお困りのことがありましたら、遠慮なく連絡をしてください。僕で分かることでしたら、何でもお力になりますから」

この客は、この物件にしか興味がないのに。これ以上ケアしてやっても、他の投資物件を買ってくれる見込みなどないのに。

頭の片隅では冷静な自分が呆れていたが、蓮沼は口からほとばしる言葉を止めることができなかった。相手にのめり込むあまり、ついつい一人称が〝わたくし〟ではなく〝僕〟になってしまったことにさえ気づかなかった。

そんな蓮沼の言葉に、客は嬉しそうに大きくうなずきながら言った。

「ありがとう。ありがとう。アンタに担当してもらって良かったよ。最初はホント食えない兄ちゃんだなと思ったけど、アンタの冷静さが頼りになった。ありがとう。これからもよろしく頼みます」

蓮沼は心の中で、**誰かに頼られる嬉しさ**をゆっくりと噛みしめていた。

Column

どんな相手にも負けない交渉術

　蓮沼くんは値引きを迫る客に対して一歩も引かず、ついに契約の内諾を得ることができました。交渉を上手に進めるコツのひとつは、相手の言葉の表面に反応せず、自己主張を続けることです。

　ビジネスにおいて一目置かれる人は、自分をしっかりと持っています。自分をしっかり持つとは、発言内容を終始一貫させるとともに、言葉遣いがぶれないことです。相手によって話す内容や言葉遣いをふらふらと変えるようでは、信頼されません。

　ビジネスシーンでは、いろいろな人に出会います。冷静で礼儀正しい人ばかりとは限りません。中には客の立場だから、自分のほうが年上だから、偉いからと、ぞんざいで乱暴な言葉遣いをして要求を通そうとする人もいます。

　そんなときに、相手につられて自分の心や言葉も乱れてしまうようでは、難しいシーンは乗り切れません。

ある企業で店頭接客をしているベテラン社員から、クレーム対応の話を聞いたことがあります。

乱暴なお客から些細なミスを責められ、「てめえ、どういうつもりだ、訴えるぞ！」と怒鳴られることもあるそうですが、「大きな声をお出しにならなくても聞こえております」「お訴えになるとおっしゃるのですね」と、落ち着いた受け答えをするそうです。

相手の大声に負けて「すみません、すみません」とすぐに謝ったり、「てめえとは何だ！　訴えたければ訴えろ！」と怒鳴り返すようでは、相手のペースにはまってしまいます。

敬語を崩さず話ができるとは、どんなときにも動揺せず、私的な感情に流されずに対応できる証拠です。こんな担当者が相手では、クレーム客も、簡単に自分の思い通りにはならないと感じるでしょう。

自分をしっかりとした強い存在にするためにも、敬語を身につけておきましょう。

Round 12

部長・渋谷 VS 取引先・松原

敬語と"ため口"を使い分けられてこそ「敬語総合力」がアップする

一度壊れてしまった縁をつなぐ難しさ

グレードアップライフ営業部の若手たちは、今日も楽しそうに仕事をしている。

江田はセクハラの一件から、自分の気持ちをクライアントに告げることに対して躊躇することがなくなった。嫌なことは嫌と告げるだけではなく、「わたくしはこういう理由であなたにこれをおすすめしています」といった営業トークを繰り広げ、ますますクライアントの信頼を得ている。

新人の山下は、アルバイト時代に覚えた怪しげな敬語から卒業し、きちんとした言葉遣いでクライアントと渡り合うことができるようになった。もともと仕事に対してまっすぐな思いと熱意を持っていただけに、それを表現する話し方が整ったことで、率直な気持ちが伝わりやすくなったのだろう。

もうひとりの新人の蓮沼は、仕事に対して斜に構えているようにも見えたが、最近少しずつ印象が変わっている。物事を冷静に、ときに割り切って判断する視点はそのままに、よりクライアントの置かれている状況を気遣えるようになってきた。

この三人が社にいると、周囲の雰囲気までもが活気づく。

実は毒舌で突っ込みキャラの江田に、相変わらず突っ込まれキャラの山下。そんな二人をクールに見つめつつ、何かあったときには頼りになる蓮沼。三人の絶妙なコンビネーションが周りに明るさをもたらしている。

部長の渋谷は、そんな若手たちを頼もしく眺めながら、のどに刺さった小骨のように心に引っかかり続けている問題を考えていた。

それは、昔なじみの顧客だった松原のことだった。

夏のある日、松原に「**軽薄なものの言い方が気になる**」と告げられてしまった渋谷は、その後連絡を取っていなかった。とはいえ、松原とは十年来の付き合いであり、このまま付き合いがなくなってしまうのは寂しすぎる。

「どうしたもんかなぁ」

年末が近くなるにつれ、このまま年を越したくはないという思いが渋谷のなかにわき起こってきたのだった。

「山下、松原さんのことなんだが」

ちょうど書類を提出しにきた山下に相談してみようかと、渋谷は声をかけた。山下は一瞬何のことかといった表情を見せたが、すぐに理解したようだ。

「ああ、ウチではなく、タケダリアルティとの取引を選ばれたお客様ですね」

部長の言葉が軽薄だという理由で、というフレーズをかろうじて飲み込んだ山下は、少しだけ表情を引き締めて渋谷に正対する。

「そうだ。それはもう仕方がないことなんだが、**お付き合いだけは保っておきたいんだ。今後またチャンスはあるかもしれない**し。どうしたらいいかなぁ」

「いまさら新しい物件をおすすめするというわけにはいきませんよねぇ」

二人は少しのあいだ、頭をひねっていた。

そこにやってきたのは、やはり書類を持ってきた蓮沼だ。山下から話の概要を聞いた蓮沼は、簡単なことじゃないかとでも言いたげな様子で渋谷に進言した。

「それなら、来月の顧客向けのクリスマスイベントにお誘いしてみてはいかがですか？　あれなら他のお客様も集まりますし、親睦会ですから松原さんも気軽に来られるんじゃないでしょうか。僕らがご案内状の送付を担当していますので、松原さんの分もお送りしておきますよ」

「そうだな、それは名案だ。よろしく頼む」

蓮沼は「分かりました」とだけ言うと、自席に戻っていった。

しかし、山下はまだ浮かぬ顔をしていた。

「何だ？　何か問題でもあるか？」

渋谷の問いに、山下は小さな声で言った。

「案内状だけじゃ心もとなくないですか？　松原さんに電話をして、直接誘われたほうがいいと思うんですけれど……」

確かに山下の言う通りだ。だが、いまさらどんな言葉遣いで話したらいいのだろう？　口の利き方が軽薄だと言われたからといって、取って付けたように丁寧に話すのもわざとらしいではないか。

渋谷は山下に向かって言った。

「確かにそれもそうだな。考えてみるよ。とにかく、案内状は出しておいてくれ」

たかだかイベントに誘うだけなのに、こんなにも面倒なことを思い悩まなければならないなんて。

渋谷は、一度壊れてしまった縁をつなぐむずかしさを再認識していた。

相手が耳を傾けてくれそうならあきらめない

数日後の夕方、人が出払っている営業部のフロアで、渋谷は松原に電話をかけるか否か迷っていた。

案内状は届いたはずだ。ここでもうひと押し、直接電話をするべきなのは分かっているのだが……。

しばらく悩んでいた渋谷は、やがて意を決すると、自分の携帯電話から電話をかけはじめた。ほどなくして電話に出た松原は、渋谷の話を聞くなり、あまり気が進まない様子でこう言った。

「ああ、イベントの案内状ですね。届いていますよ。まあ、時間があったら行きますよ」

「そうですか。お忙しいでしょうから、無理にとは申しません。では……」

電話を切りかけた渋谷は、扉のそばから自分を見ている山下と蓮沼の視線に気付いた。

なんだ、あいつら、いたのかよ。

その瞬間、気を取り直した渋谷は、松原に向かって話し始めた。

「いや、松原さん、お忙しいとは存じますが、ぜひおいでいただけませんか？ 勝手な申し上げようで恐縮ですが、ぜひお目にかかりたいのです。お目にかかって、お詫びとお礼を申し上げたいのです」

松原は、何も言わない。ただ、渋谷の言葉に耳を傾けているであろうことは伝わってくる。

渋谷は電話の向こうの松原に、心を込めて言った。

「松原さんから、ものの言い方や態度が軽薄だと言われ、これまでの失礼に気が付き反省しました。それと同時に、そんなことをはっきりとおっしゃってくださるかたは他にはいらっしゃらないということにも気が付きました。心より感謝しております。ですので、ぜひイベントにおいでいただきたいのです」

渋谷にとって松原は、「**言葉遣いが適当になると、仕事まで適当になってしまう**」という真理を教えてくれた恩人でもあった。

そのことについて、直接礼を述べたい。

そんな気持ちを込めて語りかけたのだった。

渋谷の言葉を聞いていた山下と蓮沼も、その言葉の重さを感じていた。イベント当日、渋谷と松原が上手く話すことができるように陰ながらサポートをしなければと、二人は考えていた。

礼節をわきまえつつ、相手の懐に親し気な言葉で切り込む

クリスマスイベントは、想像以上に盛況だった。グレードアップライフの多くのクライアントが顔をそろえ、社員による余興あり、ビンゴゲームありといった、楽しいひとときを過ごすことができた。

イベントがお開きになったのち、会場のそばの喫茶店で、渋谷と松原は向かい合った。山下と蓮沼も、イベントの幹事としてそばの席に同席させてもらっている。

渋谷は、電話のときと同様に**心を込めて謝罪をし、いい加減な仕事ぶりに気付かせてくれた感謝を述べた**。

松原は照れくさそうな顔をしながら渋谷を手で制すると、

「それよりも、実は聞いてほしいことがあるんだ」

と、話題を変えた。

「実はね……例の、タケダリアルティの物件なんだが……ちょっと心配な点がある

んだ。それで渋谷さんに相談に乗ってもらえないかと思ったのだが、**いまさら連絡するのも気まずくて**ねぇ」

「何があったんですか？」

渋谷も表情を一変させて、松原に問う。

しかし松原は、なかなか切り出すことができない。

「どうぞ、おっしゃってください」

「うん。だが、いまさらなあ……」

話そうとするも言いよどむことを数度繰り返した松原を見て、渋谷は思い切った行動に出た。椅子の背もたれに身体を大きく預けると、急に態度を崩しながら、大きな声で言ったのだ。

「どうしたんすか？　松原さん、言っちゃいましょうよ。どうせタケダの営業にうまいこと言われて、やばくなったんじゃないすか？　松原さん、すぐに乗せられちゃうからなぁ」

「ぶ、部長！」

渋谷の言葉を聞いてあわてたのは、そばの席に控えていた山下だ。思わず腰を浮かした山下だが、蓮沼の制止を受けて再び席に座る。

しかし松原は、渋谷の態度に気を緩めると、小さく笑いながら言った。

「そうなんだよ。実は、タケダの営業は契約までは丁寧だったんだけれど、購入後のアフターフォローやメンテナンスは下請け任せで、俺が何か尋ねても『弊社の責任ではございません』『担当者にお尋ねくださ い』の一点張りなんだ。売りつけるまでが自分の仕事ってことなんだよな」

渋谷は軽くうなずきながら、松原の言葉に耳を傾け続ける。松原は、**やっと言えた愚痴**をきっかけに、どんどん言葉があふれ出てきたようだ。

「そもそもタケダの営業マンのことを気に入ってたのは、ウチの妻なんだよ。だから思わず『こんなことになったのはお前のせいだ!』とか当たってしまって、もう家の中まで険悪になっちゃってさ。そのうえ、下請けの担当者というのが、またとんでもなくて……」

松原の言葉を聞いていた蓮沼は、しばらく前までの自分の態度を思い出していた。

ビジネスと割り切れば、タケダの営業のやり方も間違いとは言えない。しかしその態度によって、ここまで苦しむ客がいるとは想像できなかった。

松原の言葉を聞いていた渋谷は、しばらく考えていた。そして、松原がコーヒーを一口飲み、カップを置くタイミングを見計らって、ゆっくりと話し始めた。

「分かりました。一度結んでしまった契約を解除することは難しいでしょう。けれど、管理やメンテナンスだけでも、弊社の関連会社でお引き受けすることは可能です。どこの会社に管理を任せるかは、オーナーが決めることですからね。タケダが口を出してくるようでしたら、弊社のほうで話をつけましょう」

渋谷の**頼もしい言葉**に、松原の目が輝き始めた。

「そんなことができるのかね？」

「ほかならぬ松原さんの頼みとあれば、まあ、しょうがねえな、任せなさいってとこですかね」

そう言うと、渋谷は高らかに笑った。

松原もつられて笑いながら、愚痴をこぼした。

「まったく、客に向かってよくもそんな偉そうな口がきけたもんだ。渋谷さんにはかなわんなあ」

その後二人は、アフターフォローの概略についての相談に移った。

一度口元を引き締めた渋谷は、松原の理解の様子をうかがいながら、丁寧な言葉で今後のスケジュールについて説明を始めた。

敬語と〝ため口〟を使い分けられれば一人前

新人二人組は、そんな渋谷の様子を唖然とした表情で見守っていた。

やがて蓮沼は、

「部長、やっぱりすげえな」

と驚きの声を上げた。

しかし山下は、どうしても渋谷の態度が納得できなかった。

「たまたま松原さんの件は上手くいったけれど、部長の言葉遣い、全然直ってないのはやばいよね？　またすぐ松原さんに嫌われるんじゃないかな？」

松原のことに関して悩む渋谷の様子を見ていた山下は、十分反省していたにもかかわらず、ここでまたため口をたたいた渋谷の心境がどうしても理解できなかった。

そんな山下に向かって、蓮沼はいつものクールな表情で言った。

「そうじゃないよ。分かってないな、お前」

山下は明らかにムッとした表情になったが、蓮沼は気にしない。

「部長はさ、松原さんが気まずい思いをしているのが分かったから、あそこで**あえてため口をたたいて、松原さんの気持ちをほぐした**んだよ。もしも部長がずっと敬語だったら、どうなっていたと思う？　松原さんも悩みを打ち明けられなかったと思わない？」

確かにそうかもしれない。

敬語はどうしても、相手との距離を作ってしまう。**もしも渋谷がずっと敬語だったら、松原は遠慮してしまい、踏み込んだ悩みを話せなかったかもしれない。**

敬語を使わないことが親しさだと勘違いし、深く反省していた渋谷だが、他人行儀な敬語を使われては悩みを打ち明けづらいという心理を察し、あえて崩した口調で松原の心を開いたのだ。

蓮沼の言葉で渋谷の本当の狙いを察した山下は、なるほど、とでも言いたげな表情を見せた。

「言葉って、相手の立場を汲んで、その時々にあわせて選ぶものなんだね」

「まあ、俺らもまだまだ修業が足りないってことだな」

渋谷と松原のテーブルからは、再び笑い声が聞こえてきた。二人は何やら、楽しそうに談笑している。

人と話すということは、相手の心理を十分に汲んで行わなければならない。**ため口も敬語も自在に使えるようになってこそ一人前**だということを、部長から教えてもらったような気がした。

Column

覚えておきたい敬語の日常使い術

渋谷部長が松原さんに向かってため口になったのは、フォーマルな話し方だと悩みを打ち明けにくいだろう、という配慮からでした。このような心配りはベテランならではで、渋谷部長の人間力が発揮されたシーンだと言えるでしょう。

「目上の人には敬語、親しい人にはため口」と相手によって使い分けるだけではなく、その場その場の状況を見極めて、敬語とため口を上手くアレンジして使いこなしてこそ、大人の話し方です。

そんな例をひとつあげてみましょう。

AさんとBさんは、同じ会社で働くグループリーダーです。二人とも同じように熱心に仕事に取り組んでいるのですが、上司からの評価が高く、部下や後輩から尊敬されているのはBさんのほうでした。

その差は、社内での言葉遣いにありました。

「提案したプランについて、お客様はなんておっしゃっていた？　気に入っていただけたようだったかな?」

Bさんは社内で話すときにも、お客様に対して敬語を使っています。

一方のAさんは、「提案したプランについて、客はなんて言ってた? 気に入ったみたいだった?」といった話し方をします。Aさんは、親しい同僚との会話だから敬語なんかいらないだろうと考えていますが、Bさんと比べると、周囲に与える印象は違いますよね。職場の中に、「Aさんは顧客の前では丁寧だけれど、上辺だけ。裏表があって信用できない」と感じている人もいるのです。

またBさんは、上司に対しても少しくだけた敬語をうまく使っています。お菓子を出したときに「部長、これ召し上がりませんか?」とさらりと言えるBさんは、「部長、これ食べませんか?」と勧めるAさんよりも好印象です。

このように、普段の日常会話にさりげなく敬語を交えて使いこなせるようになったら、上級者と言えるでしょう。敬語を「特別な相手にだけ頑張って使う言葉」ではなく「いつでも使える自分の言葉」にできてこそ、人間としての魅力も発揮できるのです。

Final Round

春はまた来る

翌年の四月、再びグレードアップライフ社に新人が入社してきた。この年営業部に配属された新人は、大きな体の男性と、どことなく気弱そうな女性の二人だ。研修後、初めて出社してきた新人たちは、社員の前で自己紹介をした。

「自分は、若林《わかばやし》と申し上げます。大学四年間、柔道に取り組まさせていただいており、部長のほうをさせていただいておりました。面接のときに渋谷部長がおっしゃられていらっしゃった、『お客様と親密な関係を保ちながらも慣れ合わない営業』というスタイルに感銘を受け、入社を決意いたした次第です。よろしくお願いいたします！」

営業部に配属された若林という男性は、いかにも体育会系といった雰囲気を漂わせながら大きな声を張り上げた。

一方の女性は、若林の挨拶に圧倒されてしまったのか、おどおどとした様子で伏し目がちに言った。

「わたくし、高津《たかつ》と申します。大学のほうでは英米文学のほうを専攻させていただいておりました。体育会系の活動は、これまで行わせていただいたことがございませんもので……申し訳ございません。女性ではございますが……はい。よろしくお願い申し上げます」

「これまた、相当鍛えがいのありそうなコンビだわ」

二人を見ていた江田は、ため息交じりにつぶやいた。

江田の言葉に大きくうなずきながら、

「ホント、そうですよね」

と応じた山下は、後ろから蓮沼に頭を小突かれ、「お前が言うか」と突っ込まれている。そんな営業部を代表して、部長の渋谷が新人二人に向かって言った。

「営業は、体育会系の人が向いているわけでもなければ、男性でなければできないというわけでもない。どんな人でも、その人らしいキャラクターを生かしてお客様に向き合っていけばいいんだ」

新人女性は真っ赤な顔で小さくうなずく。渋谷は一息ついたのち、言葉を継いだ。

「お客様に向き合うツールとして、大切なのが言葉だ。言葉はお客様との距離を上手く保ってくれて、自分の価値を高めてくれる。なかでも**正しい敬語は、お客様を尊重するだけではなく、自分の尊厳を守るための大切な武器にもなってくれる**んだ」

新人二人は神妙な顔で話を聞いているが、まだよく理解できないといった表情を浮かべている。渋谷は小さく笑いながら言った。

「まあ、わたしが言ったことは、二人ともおいおい理解してくれると思う。とりあえず二人には、先輩たちから相当な指導が入りそうだな。みんな、よろしく頼む。特にそこの山下、蓮沼、よろしくな」

「えっ？　僕らっすか？」

山下の声をかき消すように、若林の「お願いします！」という大声が響いた。それにつられたかのように、「お願いいたします……」という小さな高津の声が追いかける。グレードアッププライフ社に、新しい春がやってきた。

すぐに使える編

闘う敬語武器フレーズ25選

相手への対応が難しいシーンできっぱり、はっきりと自分の意思を示すための敬語フレーズ集

シーン
1

「分かっただろ！」と高圧的に意見や指示を押し付けられたとき

「おっしゃることは分かりましたが、納得はいたしかねます」

シーン
2

「なんか文句あるのか！」と一方的に言われたとき

「決して文句はございませんが、わたくしの話も聞いていただけませんか」

シーン 3

「ふざけんな！」と言いたいとき

「そのようなことをおっしゃるとは、○○様のお言葉とはとても思えません」

シーン 4

セクハラに対して「やめろ！」と言いたいとき

「大変不愉快なのでやめてください。
引き続きこのような
言動を取られるなら、
しかるべき人に相談の上、
対処いたします」

シーン5

パワハラに対して「やめろ！」と言いたいとき

「それは業務上、
正当な言動とは思えません。
今後も続くようなら、
しかるべき機関（部署）に相談の上、
対処いたします」

シーン6

「訴えてやる！」と言いたいとき

「これ以上そのような言動をされますと、法的な手段を取らざるを得ませんが、よろしいでしょうか」

シーン 7

プライベートをあれこれと質問されたとき

「そのようなお尋ねにお答えする必要はないものと考えます。極めて個人的なことですので、お答えは差し控えさせていただきます」

シーン
8

無理な要求を押しつけられたとき

「そのようなことは
いたしかねます。
どちら様であっても、
お断りいたします」

シーン
9

自分を軽くあしらう相手に対して「話を聞け！」と言いたいとき

「重要なことを
申し上げております。
お聞きになりませんと、
後でそちらさまの
不利益にもなりかねません」

シーン
10

「さっさと返事をよこせ！」と言いたいとき

「わたくしどもにも
都合がございますので、
ご多忙とは存じますが、
早急にお返事くださいますよう
お願いいたします」

シーン11

けなされたり、悪く言われたとき

「そのようなご評価は
残念ですが、
いろいろなお考えがありますから、
貴重なご意見のひとつとして
承っておきます」

シーン 12

仕事に余計な口出しをされたとき

「アドバイスありがとうございます。
この件につきましては
わたくしに責任がございますので、
どうぞお任せくださいますよう」

シーン
13

不愉快な話題を変えたいとき

「いろいろなご意見があるものですね。
この話はこれくらいにして、
○○についての
ご意見を伺わせてください」

シーン14

交渉の決裂を宣言したいとき

「これ以上お話を続けても、お互いに得るものはないようです。これまでといたしましょう。お時間を割いていただき、ありがとうございました」

シーン
15

自社側のミスを認めてその場を収めたいとき

「すべてわたくしどもの落ち度で、申し開きの言葉もございません。今後については検討し、早急にご報告申し上げます」

シーン
16

「そんなことまでできるか!」と、クレーマーの要求を突っぱねたいとき

「わたくしどもは、
法律と常識にのっとり
対応いたしております。
ご迷惑をおかけしたとはいえ、
すべてのご要望にお応えすることは
いたしかねます」

シーン
17

「そういう口のきき方はやめろ」と注意したいとき

「○○様のご真意を
理解できない者もおります。
そのような言動をされますと
誤解を招きますので、
お気をつけください」

シーン
18

「昨日と話が違うじゃないか!?」と言いたいとき

「昨日は◯◯だとおっしゃっていましたが、そのご指示(お話)についてはどのように考えればよろしいでしょうか」

シーン19

「これ以上は待てないからな」と言いたいとき

「お約束は○日でございます。
わたくしどもはこの日を
最終期日と考えており、
それ以上お待ちすることは
いたしかねますので、ご了承ください」

シーン20

「どうしろって言うんだよ!?」と言いたいとき

「今後、どのようにすればよろしいでしょうか。わたくしでは考えが及びませんので、具体的にご指示をいただければありがたいです」

シーン
21

「悪いのはそっちだろ！」と言いたいとき

「わたくしどもといたしましては、そちらさまのなさったことにより、このような結果になったものと考えております」

シーン
22

「違いますよ！」と言いたいとき

「その点については、
認識の相違があるようです。
わたくしどもが把握している
事実について
説明させてください」

シーン
23

「上司を出せ」と言われて突っぱねるとき

「この件はわたくしに一任されており、
わたくしも上の者の方針にそって
申し上げております。
上の者を呼びましても、
お答えは変わりません」

シーン
24

「どうしても受け入れてほしい」と粘るとき

「勝手なことを申し上げているとは
重々承知いたしておりますが、
ここはどうしてもお願いしたいのです。
お考え直しください」

シーン
25

「ここは絶対に譲らないぞ！」と言いたいとき

「これは絶対に必要なことなのです。
○○様にご理解いただけるまで、
何度でも申し上げるつもりでおります」

おわりに

朝倉真弓

みなさんは、テレビドラマはお好きですか？　ムカつく上司や不条理な社会、業界の無意味な慣習などに対し、主人公がはっきりとノーを突き付ける痛快なドラマはいかがでしょう？

たとえば、話題になった『半沢直樹』や『ドクターX～外科医・大門未知子～』といったドラマ。フィクションだとは分かっているけれど、嫌な取引先や上司に向かってああいうセリフが言えたら気持ちいいだろうなと思った人も多いはずです。心の奥底に溜まったうっぷんが晴れたという人もいらっしゃるのではないでしょうか。

実はわたしも、社会人になったばかりの頃は、言いたいことをはっきりと言えない人間でした。

今でも思い出すのは、最初に入った会社のことです。毎晩仕事終わりに飲み会があり、先輩の飲みと愚痴に付き合わなければなりませんでした。

わたしは、連日の飲み会が本当に辛かった。けれど、はっきりとノーを告げることができなかったのです。

やがてその会社から転職をし、出版関係の仕事に就いてしばらくした頃、セクハラやパワハラまがいのことに悩まされました。何かにつけて「女は甘やかされていいよね」とか、「お前のスキルはその案件に見合っていない」といった嫌味を言ってくる人がいたのです。

わたしは、「えへへ」と笑いながら逃げていました。

若い女性が発する「えへへ」とは、尊厳を踏みにじられるような言動に対し、正面切って闘うことなく受け流すという処世術の一種です。「えへへ」と笑いつつ、心の中では握りこぶしを突きあげる。目下の者は目上の人に対してそうするしかないと考えていたのです。

でも、そんな相手に対して、言いたいことをはっきり、きっぱりと伝えることができたとしたら、どんなに気持ちいいことでしょう！　言い切れるタフさや自信を身につけられたとしたら、相手は二度と嫌なことを言ってこないはずです。

本書には、敬語という武器を身につけることで、自分自身がタフになり、相手の攻撃から身を守ることができるようになるためのノウハウが詰まっています。

本書の登場人物である江田南海は、若かりし頃のわたしを色濃く反映している人物です。敬語が苦手な山下敬太も、どこかわたしに似ているかもしれません。

言葉が先か、自信やタフネスといった心が先かは鶏と卵の問題に似ていますが、少なくとも敬語を磨くと心も磨かれるというのは本当だと実感しています。

個人的な話になりますが、本書はわたしの六冊目の著書になります。SNS上でつながりを持っていた大嶋利佳さんに初めてお目にかかったのは、二〇一六年三月のこと。そのときに、「敬語を武器にビジネス社会を生き抜いていく物語を作りましょう」という話が持ち上がりました。そこからある著者仲間にご紹介をいただき、編集者の小澤啓司さん、ならびにプレジデント社とのご縁をいただいて出版にこぎつけるまで約一年。こんなにトントン拍子に進んだ企画は初めてです。

初めてといえば、企画の段階からわたしたちを導くキーワードとなっていた『闘う敬語』という仮タイトルが、そのまま本タイトルになったというのも初めての経験です。ビジネス書のタイトル付けは最後の最後まで頭を悩ませることが多いのですが、関係者の満場一致ですんなりと決まった『闘う敬語』というタイトルに、わたしはとても愛着を感じています。

ビジネス社会を生きる読者のみなさんが、敬語を武器に自分らしさを発揮することができますように。そして、目上、目下問わず、素晴らしい人間関係を結んでいくことができますことを願っております。

二〇一七年二月吉日

profile

原案・監修

大嶋利佳

1984年に大学卒業後、一般企業、日本語学校教員、ビジネス専門学校教員を経て、1997年、社員研修業で独立起業。ビジネスコミュニケーション全般の研修を手掛ける。執筆業としても活動し、書籍、雑誌記事等の執筆監修多数。著書は『なぜあの女（ひと）の話し方は強くて美しいのか』など40冊を超える。産業能率大学「敬語マラソン」、日本監督士協会「上手な言葉遣い・上手な敬語」など通信教育教材の執筆監修も手掛ける。

ストーリー

朝倉真弓

1994年に大学卒業後、一般企業、出版社、編集プロダクションを経て、1999年ライターとして独立。ビジネス系メディアを中心に取材および執筆を手がける。実用書やビジネス書の分野では企画やブックライティングを数多く務め、ストーリー仕立ての書籍を得意とする。自著は『女子の幸福論』、『好き⇔お金　ネットで「やりたいこと」を「お金」に変える方法』、『今までで一番やさしい相続の本』、『逃げたい娘　諦めない母』など。

闘う敬語

仕事の武器になる「敬語入門」

2017年3月1日　第一刷発行

著　者　大嶋利佳　朝倉真弓
発行者　長坂嘉昭
発行所　株式会社プレジデント社
〒 102-8641
東京都千代田区平河町2-16-1 平河町森タワー13階
http://president.jp　http://str.president.co.jp/str/
電話　編集(03) 3237-3732
販売(03) 3237-3731
販　売　高橋 徹　川井田美景　森田 巌　遠藤真知子　末吉秀樹
塩島廣貴
装　丁　長 健司
編　集　桂木栄一　小澤啓司
制　作　関 結香
印刷・製本　図書印刷株式会社

ISBN978-4-8334-2221-5
Printed in Japan
落丁・乱丁本はおとりかえいたします。